JN016530

DATA SCIENCE

DS

データサイエンス大系

社会調査法

共著／伊達平和・高田聖治

学術図書出版社

本書のサポートサイト

https://www.gakujutsu.co.jp/text/isbn978-4-7806-0704-8/

本書のサポート情報や正誤情報を掲載します.

- ■ 本書に登場するソフトウェアのバージョンや URL などの情報は変更されている可能性があります. あらかじめご了承ください.
- ■ 本書に記載されている会社名および製品名は各社の商標または登録商標です.

本シリーズの刊行にあたって

　大量かつ多様なデータが溢れるビッグデータの時代となり，データを処理し分析するためのデータサイエンスの重要性が注目されている．文部科学省も 2016 年に「数理及びデータサイエンス教育の強化に関する懇談会」を設置し，私自身もメンバーとして懇談会に加わって大学における数理及びデータサイエンス教育について議論した．懇談会の議論の結果は 2016 年 12 月の報告書「大学の数理・データサイエンス教育強化方策について」にまとめられたが，その報告書ではデータサイエンスの重要性について以下のように述べている．

　　今後，世界ではますますデータを利活用した新産業創出や企業の経営力・競争力強化がなされることが予想され，データの有する価値を見極めて効果的に活用することが企業の可能性を広げる一方で，重要なデータを見逃した結果として企業存続に関わる問題となる可能性もある．

　　例えば，データから新たな顧客ニーズを読み取って商品を開発することや，データを踏まえて効率的な資源配分や経営判断をするなど，データと現実のビジネスをつなげられる人材をマスとして育成し，社会に輩出することが，我が国の国際競争力の強化・活性化という観点からも重要である．

　そして大学教育において，以下のような数理・データサイエンス教育方針をあげている．

- 文系理系を問わず，全学的な数理・データサイエンス教育を実施
- 医療，金融，法律などの様々な学問分野へ応用展開し，社会的課題解決や新たな価値創出を実現
- 実践的な教育内容・方法の採用
- 企業から提供された実データなどのケース教材の活用

- グループワークを取り入れた PBL や実務家による講義などの実践的な教育方法の採用
- 標準カリキュラム・教材の作成を実施し，全国の大学へ展開・普及

ここであげられたような方針を実現するためには，文系理系を問わずすべての大学生がデータサイエンスのリテラシーを向上し，データサイエンスの手法をさまざまな分野で活用できるために役立つ教科書が求められている．このたび学術図書出版社より刊行される運びとなった「データサイエンス大系」シリーズは，まさにそのような需要にこたえるための教科書シリーズとして企画されたものである．

本シリーズが全国の大学生に読まれることを期待する．

監修　竹村 彰通

まえがき

　データサイエンス大系シリーズの第 4 弾である本書『社会調査法』は，社会調査の全体像を幅広く学ぶことを目的としている．社会調査には量的手法から質的手法までさまざまな方法があるが，本書はその中でも量的な手法に焦点を当てている．

　量的な社会調査の代表例である「質問紙調査」は，一般的には「アンケート調査」とよばれており，政策立案やマーケティングから，雑誌記事やテレビ番組まで日常生活の至るところで目にする機会があるだろう．あまりにもポピュラーなものであるため，誰でも簡単にできると考えている読者も多いかもしれない．しかし，このようなアンケート調査の中には調査設計や項目設計が「杜撰」なものも散見され，テキトウな調査が世のなかにはあふれている．たかが「アンケート」といっても，一つ一つの工程について詳細に検討すると，意外にも注意するべきポイントは多いのである．

　本書では，これらのポイントについて，14 章に渡って解説する．

　まず第 1 章から第 4 章までは社会調査の概要と調査企画までを解説している．社会調査の歴史や種類，事例，問の立て方など，調査ははじめるまでが最も重要である．まずはここを読んで社会調査の基礎を固めてほしい．

　続く第 5 章から第 6 章は量的な社会調査にとって重要な「標本調査」の方法論と数理について解説している．「杜撰な」調査のなかには，この方法論をふまえていないものが多くある．正しい方法論を知っておくことは，調査結果を読み解くためにも重要である．第 5 章で数学を使わずに標本調査の方法を概説したうえで第 6 章ではその数学的な内容を解説しているので，読者の興味と必要に応じて第 6 章を飛ばして読むことも可能である．

　第 7 章から第 9 章までは，それまでの内容をふまえ，調査票の作成や調査実

務，結果の集計など，実査を行うときの実務的な側面を中心に解説している．冒頭から第9章まで読めば，一通りの質問紙調査を行うことができるようになるはずである．

第10章以降は社会調査で最近重要性を増している新しいトピック (文献調査，自由記述の分析，データアーカイブ，インターネット調査，倫理) について解説している．これらのトピックについては，やや独立した内容になっているため，興味のある章から読み進めるとよい．

なお本書は社会調査士A・B科目に準拠している．対応する科目の勉強に役立ててほしい．

本書を作るにあたって，滋賀大学データサイエンス学部の竹村彰通学部長，槙田直木教授，田中琢真准教授には，本書の草稿に多くのご示唆をいただいた．また，筆者たちの講義に参加した滋賀大学の学生諸君とのやりとりは本書の内容を大きく充実させることとなった．最後に，学術図書出版社の貝沼稔夫氏は本シリーズの企画にあたられただけでなく，本書においても多くのご指摘をいただいた．記して感謝を申し上げる．

本書は，筆者たちが滋賀大学データサイエンス学部の同僚として教育・研究にあたっていたときに執筆された．筆者の一人 (高田) は，単身赴任中に大きな負担をかけた妻と息子のちぃくんに感謝を捧げたい．

2020年3月

伊達 平和・高田 聖治

目　　次

第 *1* 章

社会調査とは何か

1.1　社会調査の目的と意義

　社会調査とは「一定の社会または社会集団における社会事象を，主として現地調査によって，直接に (first hand) 観察し，記述 (および分析) する過程」である (安田三郎・原純輔，『社会調査ハンドブック　第 3 版』(有斐閣双書，1982)，p.2)．すなわち，

　　① 理科の実験ではなく，社会事象が対象であり，

　　② 観察した結果をまとめた文献を読むのではなく，直接に観察するものであり，

　　③ 観察の結果として，記述・分析まで行うことを想定したものである

ということができる．

　社会調査は社会事象を明らかにするものであるから，たとえば，国や地方自治体の政策立案において「消費税を引き上げるべきか否か」「公園整備を進めるべきか否か」といったことに対する判断材料を提供することなどに用いられる．近年，**証拠に基づく政策立案** (Evidence-Based Policy Making, **EBPM**) が注目を集めており，社会調査の役割も大きくなっている．政府部門以外でも，民間企業において「どのようなスマートフォンを発売したら売れるだろうか」といった市場調査 (マーケティングリサーチ)，あるいは「小学生のゲームプレイ時間と成績との関係」を分析するといった学術研究のための基礎データとして，社会調査は重要である．

　一方，ビッグデータ時代といわれる現代においては，データは，インターネッ

トの利用状況やスマートフォンの位置情報，街頭カメラの画像情報など，さまざまな経路で収集されている．そのようななかにあって，社会調査という形でデータを収集する意義は何だろうか．

一つには，現在あるビッグデータでは世のなかすべてをカバーできていないことがある．たとえば，日本全体の小売業の売上を把握するのに，POS データ[1]だけで十分であろうか．現時点では，小規模店を中心に POS データを収集していない店もあるため，POS データだけでは不十分である．全体を把握するためには政府による商業統計調査などが必要となる．

また，ビッグデータのみでは，人間の内面まではわからないことが多い．たとえば，POS データでは「結果として何を買ったか」はわかっても，「どういう点が気に入ってこの商品を買ったのか」ということまではわからない．「操作の手軽さが気に入ってこのスマホを買った」ことが市場調査でわかれば，売れる商品の開発につながる．

第三に，現状のビッグデータは，データ相互がまだ十分にリンクされていないことがある．ある少年 A が 1 日に何時間オンラインゲームをやったかはネット事業者が把握しているが，彼の成績や勉強時間まではわからない．それら情報を組み合わせて分析するには，現状では，社会調査によりデータを得ることが必要である．把握できる情報の深さ・広がりの両面において，社会調査はまだまだ重要である．

1.2　社会調査の例

社会調査の代表的な例は，政府が行う各種の統計調査である．**国勢調査**は日本に住んでいるすべての人を対象として総務省統計局が 5 年ごとに実施している調査であり，性別・年齢・家族構成・就業状態などを調査している．その他にも，毎月実施されている労働力調査や，事業所・企業を対象とした経済センサスなどが代表的な統計調査である．

国では統計調査以外に，政策に対する意見などを調査する**世論調査**も実施している．統計調査が客観的な「事実」を調査するのに対し，世論調査は主観的

---

[1] POS：Point of Sales の略．字義としては「販売時データ」だが，一般的には，バーコードを会計レジで読み取ったデータのことを指す．

な「意見」などを調査するという違いがある.

　民間企業でも,商品に対する評価などを調べる市場調査や,報道機関による世論調査などが数多く行われている.「モニタ調査」と称して会議室に集められて商品に対する評価を聞き取るものや,街頭インタビューも,社会調査の一例である.

1.3　社会調査を学ぶ意義

　それではいったい,社会調査について学ぶ意義は何だろうか.

　まず,社会調査に関する正しい知識を得ることは,現代社会を生きる我々にとって必要不可欠であることが挙げられる.日々のニュースでは社会調査の結果が取り上げられ,内閣支持率や失業率などの数字が報じられるだけでなく,「利用者の90％以上が『満足』との声」などのCMも見受けられる.これらのなかには「ハンバーガーを食べる子はキレやすい」など,解釈に疑問があるようなものもあり,我々としては間違った情報をうのみにしないよう(データにダマされないよう),社会調査の結果を正しく理解することが必要となる.情報を正しく理解できる能力を情報リテラシーというが,現代人にとって情報リテラシーは生きるために必要不可欠な能力となっている.

　第二に,実際に社会調査を実施する機会は意外と多いことがある.現在の学習指導要領では小中学生で実際に統計調査を実施することが求められているが,その後も,大学の卒業研究でアンケート調査を実施してデータを集めたり,就職してからも新商品開発のためにモニタ調査を実施したり利用者の声を聞くためにアンケート調査を実施したりということがある.そのような場合,「いったい何人に聞けばよいのか」など,社会調査の正しい実施方法を知っておくことはとても大事である.

1.4　社会調査の利用

　多くの社会調査の結果は,我々も簡単に利用することができる.

　たとえば,国が実施する統計調査の結果は,基本的に国民に還元することとされており,大きな図書館に行けば統計調査の報告書がずらりと並んでいる.さら

にインターネットを利用すれば，**e-Stat**[2]という政府統計の総合窓口があり，多くの統計データがコンピュータで利用可能な形で提供されている．統計の名称がわからなくてもキーワードを入力して関連する統計を検索することもできる．

学術調査として行われた社会調査については，それらのデータを集めたデータセンターのようなものがいくつか設けられており，それらは**データアーカイブ**とよばれている (アーカイブとは「書庫」を意味する)．わが国では，東京大学社会科学研究所附属社会調査・データアーカイブ研究センターが運営する SSJ データアーカイブ (Social Science Japan Data Archive)[3]が有名であり，同センターに寄託されている社会調査について，インターネット経由で調査の概要や集計結果などをみることができる．さらに，研究目的などの一定の要件を満たせば，集計結果だけでなく個々の調査対象者の回答内容 (個票データという) が利用できる場合もある．世界的には，アメリカのミシガン大学が設立し日本を含め各国の主要大学がメンバーとなっている ICPSR(Inter-university Consortium for Political and Social Research)[4]が有名である．これらについては，第 12 章でも紹介する．

1.5　社会調査の歴史

社会調査には前節で紹介したようにさまざまなものが含まれており，その歴史もさまざまである．たとえば，国が行う統計調査は，古代国家の時代から国力を把握するために行われてきた．統計のことを英語で statistics というが，これは国家 state と語源が同じと考えられている．古くは紀元前三千年に古代エジプトでピラミッドを建設するための調査が行われており，古代ローマでは監察官 (ケンソル) とよばれる役職が人口や人々の財産状態を調べていた．国勢調査のことを census というが，この語源がケンソル censor である．近世に入ると，ウィリアム・ペティの『政治算術』(1671-76 頃執筆) やドイツ国勢学において，国力を国の人口や経済などに関するさまざまな統計数値により把握することが試みられるようになり，18 世紀以降，多くの国で国勢調査が行われるようになった．

---

[2] https://www.e-stat.go.jp
[3] https://csrda.iss.u-tokyo.ac.jp/ssjda
[4] https://www.icpsr.umich.edu/icpsrweb/

古代ローマの国勢調査とイエス・キリストの誕生　　# Column

イエス・キリストの誕生と国勢調査とは深く関連している．新約聖書のルカ伝には以下のような記述がある．

- 人口調査をせよとの勅令が，皇帝アウグストゥスから出た．

- 人々はみな登録をするためにそれぞれ自分の町へ帰って行った．ヨセフもダビデの家系であり，またその血統であったため，ガリラヤの町ナザレを出て，ベツレヘムの町へと行った．それは，すでに身重になっていたいいなづけの妻マリアと共に，登録をするためであった．

- ところが，彼らがベツレヘムに滞在している間に，マリアは月が満ちて，初子を産み，布にくるんで，飼い葉おけの中に寝かせた．客間には彼らのいる余地がなかったからである．

ヨセフはガリラヤの町で大工をしていたので，普通であれば出産はガリラヤの自宅で行われるであろう．しかし，ちょうどそのときにローマ帝国で人口調査があり，当時ローマの属州であったユダヤでも人々はその出身地に帰って登録を行わなくてはならなかった．ヨセフはダビデ王の家系なのでダビデ王ゆかりのベツレヘムに帰ったのだが，同じような人が大勢いて宿屋がとれずに，マリアは窟屋で出産して子どもを飼い葉おけの中に寝かせた，ということである．

なお，歴史的にみると，イエスが生まれたアウグストゥスの時代に国勢調査が行われたのは紀元前28年，前8年，後14年の3回であり，「イエスが生まれた年の翌年を西暦元年と定めたのではないのか」という疑問が出てくる．実はこれ以外にも，聖書に出てくるヘロデ王の没年が紀元前4年と考えられることなどから，最近の高校の世界史教科書ではイエスの生年を「紀元前7年?」と記述している．

近代に入ると，国力を把握するための統計だけでなく，社会の実情を調べるために社会調査が行われるようになった．たとえばイギリスのチャールズ・ブースはロンドンにおける貧困層の生活実態を調査し，その結果を『ロンドン民衆の生活と労働』(1886〜1903) にとりまとめた．彼はこの調査結果から，民衆が貧困に陥っているのは個人の責任ではなく不安定就労・低賃金が原因であることを見出し，大きな反響を集めた．このような社会調査は，現在でも主として学術研究として行われている．

また，20世紀になると統計理論 (特に標本理論) の発展もあって，一部の標本だけを調査することによって全体の傾向を科学的に推測する標本調査が広く行われるようになった．それと平行して，商業的な観点から社会調査を実施する

動きも出てきた．消費者の嗜好を調査して企業戦略に役立てるマーケティング
リサーチや新聞社が行う世論調査などである．現在では調査を専門に行う調査
会社も数多く存在している．第 5 章のコラムで紹介する，アメリカ大統領選挙
の予測をめぐるギャラップ社の成功と失敗も，有名なエピソードである．

　21 世紀に入ると，インターネットの普及もあって，ウェブ経由の調査が多く
行われるようになってきた．20 世紀の社会調査は小さい標本からどうやって全
体を精度よく推定するかに力点が置かれていたが，21 世紀のインターネット調
査はサイズは大きいが偏りがありうる標本からどうやって偏りのない結果を得
るかに重点が移ってきている．

章 末 問 題

1-1　e-Stat に掲載されている統計調査から 1 つを選んで，調査の概要や結果の概要についてまとめよ．

1-2　EBPM の実例としてどのようなものがあるか，調べよ．

1-3　新聞から，社会調査の結果を引用している記事をみつけて，調査の概要をまとめよ．

1-4　社会調査の結果の誤った使い方の例を挙げよ．

1-5　日本における社会調査の歴史について調べよ．

第 2 章

社会調査の例

　社会調査の例については 1.2 節でも簡単に紹介したが，ここではさらに詳しく，いくつかの類型に分けて実例をみていこう．

2.1　政府統計

　文字どおり政府が作成する統計が政府統計であり，国勢調査が代表的な例である．統計法という法律において，基本的事項が定められている．

2.1.1　政府統計の特徴

　政府統計は，行政の施策立案や実施，評価のための基礎資料や，国民がさまざまな意思決定を行う際の判断材料を提供するために実施されている．そのため，結果の信頼性が強く求められており，標本調査を実施する際には厳密に科学的な標本設計を行うなどの注意が払われている．また，多くの調査が一定の周期で継続的に行われており，時系列比較もできることが特徴である．

2.1.2　分散型統計機構と集中型統計機構

　日本では，国勢調査や労働力調査，家計調査などの基本的な統計については総務省統計局が実施しているが，その他にも，工業統計調査は経済産業省が，毎月勤労統計調査や患者調査は厚生労働省が，といった具合に，各府省がそれぞれの所管分野に関する統計調査を実施している．このように，複数の機関が統計の作成を担う方法を**分散型統計機構**とよんでいる（これに対し，単一の機関に統計の作成機能を集中する方法を**集中型統計機構**という）．分散型統計機構では各

分野に精通した府省が統計作成を担当するので専門的な調査が可能であり，また当面の政策課題に直結した調査を行ってその結果を政策に活用することができるというメリットがある．その反面，各府省が独自の判断で統計調査を実施すると調査の重複や漏れが生じるおそれがあり，また，用語の定義などが各府省でばらばらだと調査相互を比較することができなくなるというデメリットがある．そのようなデメリットを解消するために，わが国では，総務省政策統括官室 (統計基準担当) が各府省の統計調査の実施や用語の統一などの全体調整を行っている．

　世界的にみると，行政分野の細分化もあり，純粋な集中型統計機構をとっている国はまずない．そのなかにあって，カナダやオーストラリアは集中型に近く，統計局が主要な統計調査の多くを実施している．日本やアメリカ合衆国は分散型であるが，中核的な統計局 (アメリカでは商務省センサス局) を有しており，基本的な統計はそこが担っている．

2.1.3　国勢調査

　国勢調査は，国内の人口・世帯の実態を把握し各種行政施策その他の基礎資料を得ることを目的とする調査であり，5 年ごと (西暦末尾 0，5 の年) の 10 月 1 日を調査日として，総務省統計局により実施されている．政府の最も基本的な調査である．

　調査時点において日本に住んでいる人全体を対象とした**全数調査**であり，調査事項は氏名・男女の別・出生年月・就業状態・仕事の種類・従業地または通学地などである．

　調査は，日本全体を調査区とよばれるエリアに区切り，各調査区を調査員がくまなく巡ってその区内に住んでいるすべての世帯に調査票を配布し回答を依頼するという方法で全数調査であることを確保している．極めて大規模な調査であり，日本全国で約 70 万人の調査員が活動する．1 回の国勢調査を行うのに事前準備や集計作業全体で約 600 億円の予算がかかる (この予算規模は，くしくも，衆議院総選挙の実施に要する費用とほぼ同じである)．国民 1 人あたりでみると約 500 円になるが，世界的にみるとイギリスは 1 人あたり約 12 ドル，カナ

ダやオーストリアは約 17 ドル，アメリカは約 49 ドルなので，わが国の国勢調査はかなり低コストで実施できているといえる (NTT データ経営研究所 (2017)「国勢調査をとりまく新たな動き」[1]).

　調査票はマークシート方式になっていて，該当箇所を鉛筆で黒く塗りつぶしてもらい，それを光学式文字読取装置 (OCR) で読み取って集計する．ただし，勤め先の事業内容や仕事の内容はマークするのではなく詳しく記述することが求められる．政府統計ではこれらは産業分類コードや職業分類コードを用いて集計されるが，これらコードは一般の人にはわかりにくいため，回答者には言葉で記入してもらって集計時点でそれをコード化する作業を行っている．

　調査方法は，基本的には調査員が調査票を配ってそれに記入してもらい後日回収する，**留置法**とよばれる方法をとっている．平成 27 年の調査からはインターネット回答方式も全国的に導入され，36.9％の世帯がインターネットで回答している．

　結果の公表は段階的に行われる．調査の翌年 2 月に人口速報集計結果，1 年後に市町村別人口を含む人口等基本集計結果，1 年半後に就業状態等基本集計結果と続き，約 2 年かけて詳細な集計表が公表される．「マークシートなのだからすぐに結果が出るはずではないか」と思うかもしれないが，

- 調査票を締め切りまでに出してくれない人もおり，その回収をする
- 勤め先の事業内容や仕事の内容を読み取ってコード化する
- 「年齢 200 歳」や「3 歳の子が仕事をしている」というのは記入誤りの可能性が高いので，場合によっては回答者に確認するなどにより訂正をする
- さらに，いったん仮集計をしてみて，データに誤りがないか確認する

といった作業を経てようやく公表できる結果になるため時間を要するのである．

2.1.4　政府統計をめぐる最近の課題

　政府統計はさまざまな課題にさらされている．第一に，回答拒否など，統計調査への回答が得られにくくなってきていることがある．プライバシー意識の高まりにより，「個人情報を出したくない」という考えが増えてきていることも

---

[1] https://www.keieiken.co.jp/monthly/2017/0418/index.html

あろう．しかし，政府統計では調査内容の厳格な保護が統計法で定められている．また，回答しない人は「自分一人が答えなくても大きな影響はないだろう」と思っているのかもしれないが，そのように考える人が増えていくと統計の精度はボディブローを受けるように低下していく．政府統計は国民の共有財産といえるが，その精度は，我々を含めた回答者が負っている部分も大きい．統計調査の依頼があったときには面倒くさがらずに回答してほしい．

　第二に，調査員が世帯や企業を訪問して調査票を配布する従来タイプの調査手法が難しくなってきていることが挙げられる．共働き世帯や一人暮らし世帯の増加などにより，調査員が世帯を訪問しても会えないことが多くなってきている．また，従来は，調査員を自治会長さんなどにお願いすることが多かったが，高齢化や，上述のような調査の困難さの増加により，なり手が少なくなってきていることもある．これについては，郵送調査やインターネット調査の活用（または，最初に調査員が訪問して調査票を配布するが，回収は郵送やインターネットで行うという組み合わせ）による対応も進められている．

　このような課題は日本に特有のものではなく，諸外国の統計部局にも共通の課題である．今後の方向性の1つとして，社会調査の手法によらずに，行政機関が集めている他の情報（役所への申請・届出に関するデータ）や，民間機関が集めているデータを活用することも考えられる．特に，欧米諸国では税務関係のデータが統計作成の重要な情報源として使われている．これらのデータは統計の精度向上および回答者の負担減にもつながるものであり，今後の活用が期待される．

2.2　学術調査

　研究者が学術上の目的から実施するのが**学術調査**である．政府統計が「行政の推進のための基礎資料や，国民がさまざまな意思決定を行う際の判断材料の提供」という使命を与えられているのに対し，学術調査はそのような直接的な目的は希薄である．ただ，学問である以上は，「世のなかの真理を明らかにして世のため人のためになることを目指す」のは当然だろう．

　学術調査は，文科系・理科系を問わず，幅広い学問領域で行われている．た

とえば，

- 政治学分野での，有権者の意識調査
- 経済学分野での，家計の消費動向の調査
- 言語学分野での，年代による話し言葉の違いのフィールドワーク調査
- 社会学分野での，地域住民の生活実態に関するフィールドワーク調査
- 都市工学分野での，交通量調査
- 医学分野での，食生活と生活習慣病に関する疫学的調査

などがある．

　学術調査のなかでも大規模なものとしては，

- 大阪商業大学が実施している**日本版総合的社会調査 (JGSS)**
- 九州大学で福岡県久山町の地域住民を対象に 50 年間以上にわたり継続的に生活習慣病などの疫学調査を行っている「久山町研究」

などがあるが，大学生が卒業論文のために街頭インタビューを行うことも立派な学術調査である．

　学術調査は，当然ながら学術的正確さが求められるので，調査の方法や集計・分析もきちんとした理論に基づき行われなければならない．また，他の研究者による検証などにも耐えうるように，調査や分析の過程を追試可能なように記録しておくことが必要である．

　学問は，利益を追求するビジネスとは違って一部の人のためではなく世のため人のため行うのだから，学術調査の成果は論文や報道発表などの形で社会に還元することが原則である．社会調査は調査実施者単独でできるものではなく回答者の協力が不可欠である．回答者は基本的には自分の協力が学術調査の結果として社会のために役立つという意識のもとで協力しているので，社会還元は特に重要である．最近では一歩進んで，学術調査で集められたデータ (集計されたデータではなく，元のデータ) を研究者間で共有しようという動きも活発である．1.4 節でもふれたデータアーカイブである．元データには個人情報が含まれている場合もあり，誰もが自由に使えるわけではないが，利用目的の限定 (ビジネス目的ではなく学術目的限定) や利用者の限定 (研究機関に属する研究者限定) などの制限のもとで利用が可能となっているものも多い．詳しくは 12.1 節

をみてほしい.

2.3 世論調査

新聞社やテレビ局のようなマスコミが, 政府のさまざまな政策や各政党への支持率, 社会問題などに関する国民の考えを調査するものは世論調査とよばれる. 結果はマスコミなどにより社会に還元され, 世論の形成などに資することになる.

マスコミ以外にも, 内閣府の政府広報室や都道府県庁, 市役所などの行政機関が世論調査を行うこともあるが, 2.1 節で紹介した政府統計との切り分けについては「客観的事実を調査するのが統計, 主観的な個人の考えなどを調査するのが世論調査」と整理されている. 統計については正確性の確保のために重要な統計調査 (基幹統計調査) に回答義務が課されている一方, 世論調査では個人の思想信条について政府が無理やり聞き出すのは基本的人権の尊重に反するので回答義務が課されることはないというのが両者の区別を行う理由の 1 つである.

世論調査でよく用いられるのが, **RDD** (Random Digit Dialing) **法**という方法を用いた電話調査である. これは, コンピュータを使ってランダムに発生させた電話番号に電話をかけて調査するものである. 電話調査は一般に回収率が低い一方で, その場で回答を得ることができ集計・公表が早期にできるので, 旬のニュースを必要とするマスコミの世論調査にはよく用いられるのである.

世論調査は客観的事実ではなく調査対象者の考えを聞くものなので, 質問文の構成や言葉遣い, 選択肢の並べ方などでも回答に影響が出る可能性があるというデリケートな面がある. 毎年同じような内容を聞く調査であっても, 問いの並び順を入れ替えただけで結果に影響が出る可能性があるので, 調査設計者が細心の注意を払うだけでなく, 結果利用者としてもそういった影響にきちんと留意しなくてはならない.

2.4 マーケティングリサーチ

マーケティングリサーチは, 企業が商品・サービスを消費者に買ってもらい利潤を最大化するために行う調査である. マーケティングというと商品の「売

り方」をイメージすることが多いが，本来のマーケティングはもっと広く，「どのような商品・サービスを提供するか」から始まって，「どのような顧客層に」「どの価格で」「どれくらい」といったことも含めたトータルのものを指す．したがってマーケティングのために行われるマーケティングリサーチも，企業活動の全般に及ぶことになる．

たとえば，

- 「どのような商品・サービスを提供するか」ということを調べるために街頭インタビューをする
- 「この商品はどの顧客層に売れるか」を調査するために，電話でアンケート調査をする
- 「どの価格なら売れるか」を調べるために，モニタに集まってもらって面接調査をする
- 「どれくらい売れるか」という需要予測をするために，郵送アンケート調査をする

といったことがマーケティングリサーチとして行われている．

マーケティングリサーチにおいては，**量的調査**と**質的調査**の区別が意識されることが多い．この区別については第 3 章でも詳しく扱うが，おおざっぱに言って，

- 結果を数値で表すものが量的調査 (「この商品は女性の 30 ％が支持している」など)
- 結果を言葉で表すものが質的調査 (「ペットボトル入りコーヒーは，パソコン操作しながら飲めるので支持されている」など)

である．量的調査は結果数値の精度が重要であるから大規模なアンケート調査などとして行われることが多く，質的調査は言葉による回答を詳しく聞き出すために比較的少人数相手のインタビュー調査などとして行われることが多い．

マーケティングリサーチにおいては，まず質的調査によって消費者がどのようなものを求めているかを把握し (仮説の構築)，それに基づいて大規模な量的調査でそれがどれくらい売れるかを検証する (仮説の検証) という形で質的調査と量的調査とを組み合わせて使うことが多い．それ以外にも，まず量的調査を

行って消費者のおおざっぱな傾向をつかんだうえで，さらに詳細な内容を質的調査で深掘りする，といったやり方もある．要は，量的調査と質的調査のどちらが優れているというものではなく，目的に応じて両者をうまく使い分けたり組み合わせたりすることが有効である．特に，まったく新しい商品・サービスを開発する場合は，量的調査で大規模なアンケートを行ってもなかなか具体的なイメージが湧かず回答者が困ってしまうことも想定されるので，質的調査で消費者が心の奥で思っていることをうまく引き出すことが重要であろう．

章 末 問 題

2-1 アメリカ，イギリス，フランスなどの諸外国の政府統計機関にはどのような
ものがあり，分散型・集中型のどちらといえるか調べよ．

2-2 国勢調査の結果はどのように活用されているか調べよ．

2-3 学術調査の実際の例を図書館で調べよ．

2-4 新聞社各社が行っている世論調査について，調査方法や質問内容などを
比較してみよ．

2-5 企業がマーケティングリサーチの結果をどのように利用しているか，実
例を調べよ．

第 **3** 章

社会調査の分類

　この章では，社会調査を，さまざまな切り口によって分類する．ただ，分類すること自体が目的なのではなく，分類することによって社会調査のさまざまな側面を理解し，目的に合った調査を実施できるようになることが重要である．

3.1　量的調査と質的調査

　量的調査と質的調査については 2.4 節でも簡単にふれたが，結果を数値で表すものが量的調査，結果を言葉で表すものが質的調査である．そして，量的調査については，

- 結果数値の精度を高めるためには大規模な調査が適している
- 調査方法としては質問票やインターネットでのフォームを用いた調査が多い
- 結果数値としては平均値や対前年比といった統計データが用いられることが多い
- 個々の事例というよりは，統計データを用いて全体の傾向を分析することが多い
- そのためには全数調査を行うか，調査対象を選び出すのに統計的理論に基づいて標本抽出をする標本調査を行うことが多い

といえる．

　それに対して，質的調査は，

- 結果を詳しく記述するためには少人数を対象とした調査が適している
- 調査方法としては，対象者からの聞き取り調査や，対象となる集団に入

り込んでその様子を観察するもの (**参与観察**という) などが多い

- 結果は統計処理を行わずに言葉としてまとめられることが多い
- 全体の傾向というよりは個々の事例を深く掘り下げた事例研究が多い
- 必ずしも統計的理論に基づく標本調査ではなく実施されることが多い

という傾向がある.

ここで注意しなくてはならないのは, 上に挙げた量的調査, 質的調査の特徴は必ずしも絶対的なものではなく,「おおざっぱにいって, このような傾向がある」程度のものとして捉えるべきだ, ということである. 実際, 量的調査であっても比較的小人数を対象に聞き取り調査で行うものもあるし, 質的調査であっても統計理論に基づく標本設計をしているものもある. さらに, 1つの調査のなかに, 結果を数値で表すものと言葉で表すものとが同居しているものもある. そういうことも十分に踏まえたうえで, 量的調査と質的調査の特徴を理解してほしい.

表 3.1 量的調査と質的調査の大まかな特徴

	量的調査	質的調査
調査対象	大規模な集団	小規模な集団
調査対象の選び方	全数調査または統計理論に基づく標本抽出	統計理論に基づかない場合も多い
調査事項	数値で答えるもの, はい/いいえ など	「○○についてどう思うか」などへの自由記述
調査方法	調査用紙を配布し記入	聞き取り調査など
分析方法	結果を数値として集計し, 集団全体の傾向を明らかにする	結果を言葉でまとめ, 事例として提示
調査結果	数値データで表示	言葉で表示

3.2 統計的研究と事例研究

社会調査の結果を分析・研究する方法の分類として, **統計的研究**と**事例研究**の2つがある.

統計的研究は, 個々の調査対象ではなくあくまで集団全体の傾向を明らかにするのが目的である.「日本に住んでいる人 (10歳以上) の1日の平均睡眠時間は7時間40分だ (総務省統計局『平成28年社会生活基本調査』)」や「3年A

組の生徒のうち30％が電車通学だ」といったものが統計的研究である．集団全体の傾向を表すために，全体の平均値や中央値を用いたり，ばらつきの状況を表すのに標準偏差や最大値，最小値などを用いたりすることもある．2つ以上の集団を比較して「東日本と西日本とでは睡眠時間に差があるか」というものも，集団の傾向を比較しているので統計的研究である．

　一方，集団全体の傾向ではなく集団に含まれる個々の対象に焦点を当てて分析するのが事例研究である．「東京都世田谷区に住むAさんは，睡眠時間が平均8時間で毎日1万5千歩以上歩いている．その影響なのか，Aさんは90歳を超えても元気である」といった研究は，集団ではなくAさんという個人に焦点を当てているので，事例研究である．

　統計的研究は集団の特徴を数値データで捉えることが多いため，3.1節で述べた量的調査において用いられることが多い．それに対して，事例研究は個々の対象の性質を必ずしも数値データだけでなく言葉で表されるデータも使って分析することもあるので質的調査で用いられることが多い．

　なお，この「統計的研究－量的調査」「事例研究－質的調査」という対応は絶対的なものではなく，例外もあることに注意してほしい．たとえば，上の例の「Aさんの睡眠時間は平均8時間で毎日1万5千歩以上歩いている」というのは量的調査であるが，それに基づいてAさんという個人の事例研究を行っている．また，質的調査の結果に対し，本書でも第11章でふれるテキストデータ分析の手法を用いて統計的研究を行うこともできる．3.1節の「量的調査と質的調査の大まかな特徴」と同様，「統計的研究－量的調査」「事例研究－質的調査」という対応もある程度大まかなものとして捉えてほしい．

　また，ちょっとややこしいのだが，統計的研究と事例研究という分類も完全に分類できるというものではなく，ある研究が見方によっては統計的研究といえるしまた別の見方をすれば事例研究といえることもある．たとえば，ある製造業企業A社を対象に「A社における労働生産性の上昇の分析」という研究を行ったとしよう．これは，世のなかにたくさんある企業のなかからA社という個別の対象を選んで分析したという意味では事例研究だが，分析のなかで労働時間の平均値といったA社の従業員全体の統計値を使っているという意味では

統計的研究ともいえる.

3.3　探索型調査，仮説検証型調査，現状把握型調査

　3 番目の分類の視点は,「調査の結果をどのように使うか」というものである. 例として「コンビニエンスストアで朝のコーヒーの売上を増やす方策を考えるために調査を行う」ことを考えよう. そのような客層として男性サラリーマン層を想定すると, 仕事前の目覚まし代わりに飲むことが考えられ, ホットで香り高いものが好まれるのではないか. そのためにはどういう商品をどういうやり方で売ればよいかという戦略を考えることができる. ここでは「男性サラリーマン層が買う」と仮定したが, 実際のビジネスでは, そういった「仮説」をまずは立ててみて, 次にそれが正しいか検証し, それに基づいた施策を実行するといったことが必要になる.

　こういった一連の流れのなかで社会調査がどこで使われるかというと,

① 「男性サラリーマン層が買うだろう」「女性だってコーヒーくらい飲むでしょう」「いや, 大学生の購入が多いかも」など, さまざまな仮説の候補があり, それら仮説の「ネタ」を考えるためにモニタに集まってもらってインタビューをする.

② その結果,「男性サラリーマン層が有望顧客層だ」という仮説を立てることができれば, その仮説が本当に正しいか (ビジネス化したときに利益が見込めるか) を大規模な調査で検証する.

というものが考えられる. また, 社会調査としてはこれ以外にも,

③ 官公庁や学術研究機関が,「コーヒーの売上を増やすため」という直接的な目的ではなくあくまで現状を把握する目的で,「コンビニエンスストアで, どのような客層が, どのような目的でコーヒーを買っているか」を調査する.

というものもありうる. ①〜③をそれぞれ, **探索型調査**, **仮説検証型調査**, **現状把握型調査**という.

　探索型調査では, 仮説のネタを調査対象者からいろいろ出してもらうために, **自由記述欄**を使っていろいろ書いてもらう, あるいはインタビュー調査で自由

に語ってもらうという方法をとることが多い. 3.1 節の分類でいうと質的調査に該当することが多いと考えられる. それに対し, 仮説検証型調査では, 調査実施者のほうで仮説の候補をいくつかに絞り込んで調査するのが一般的であり, また, 結果精度の観点から多数の対象者を調査することが多い. したがって質問票を使った大規模なアンケート調査として実施され, 量的調査に該当することが多い. ただ, これまでも何度か注意したように, このような対比は完全なものではない. 2.4 節でもふれたように, 探索型調査を量的調査として大規模なアンケートで実施することもある. なお, 現状把握型調査については, さまざまなものがありうるので, 上記のような対比にはなかなか当てはまらない.

　調査を企画し実施する場合, 自分がやろうとしている調査が上記のどれに該当するかを明確に意識することは重要である. たとえば, 仮説を立てるネタを探す探索型調査をやらなければいけない時点なのに, 自分で仮説の候補を絞り込んでしまって少数の選択肢しか設けていない調査をやってしまうと, 自分では気が付かなかった仮説のネタを把握し損ねてしまうことになる. 逆に仮説検証をしなくてはならないところでそれを十分に意識せずに仮説を絞り込まずに調査してしまうと, 結果もぼんやりしたものになってしまうおそれがある. 探索型調査か仮説検証型調査か現状把握型調査かは調査票をみてもわからないことが多い (上記の例では, どの型の調査であっても, 対象者の性別・年齢・職業などの他に「あなたは, 朝, コンビニでコーヒーを買いますか」という調査項目になると考えられる) ので, 調査実施者がしっかり「この調査で何を知りたいのか」を自覚する必要がある.

3.4　全数調査と標本調査

　これまで述べた分類は概念的なものであり抽象的な色合いが強かったが, 本節以降で説明する分類は実務的・具体的な分類になる. 最初に取り上げるのが**全数調査**と**標本調査**である.

　分析の対象となる集団のことを**母集団**といい, 母集団に属するすべての対象を調査するものを全数調査, 一部の対象のみを調査するものを標本調査という. たとえば, 国勢調査は調査時点で日本に住んでいる人すべてを調査するので全数

調査である．一方，労働力調査は母集団は15歳以上の全人口だが実際に調査しているのはそのうちの約10万人なので標本調査である．全数調査のことを**悉皆調査**，標本調査のことを**抽出調査**ということもある．

　なお，全数調査か標本調査かという判断は，母集団として何を想定しているか，さらにいうと調査の目的が何かということにもよる．たとえば，「A小学校の生徒全員を対象に勉強時間を調査する」という調査では，目的があくまでA小学校に焦点を当てた実態把握であれば母集団はA小学校の生徒全体であり上記の調査は全数調査ということになる．一方，目的が日本全体での小学生の勉強時間の把握であったり小学生の勉強時間の都道府県比較であったりして，たまたまA小学校を対象に選んだということであれば，母集団は日本の小学生全体(あるいは県内の小学生全体)であって，上記の調査は標本調査ということになる．

　「全体でなく一部分だけを調べて大丈夫なのか」という疑問をもつのは当然であるが，母集団のだいたいの性質を調べるには標本調査で十分なことが多い．たとえば，総務省の労働力調査では約10万人の調査から日本全体の失業率を推定しているし，テレビ番組の視聴率(ビデオリサーチ社)では関東地区1800万世帯のなかから900世帯を抽出して調査し全体での視聴率を推定している．ラーメンのスープの味見をするのに鍋全部のスープを飲む必要はない．よくかき混ぜればスプーン1杯味見するだけで十分である．もちろん，一部分のみを調査しているために全体の状況を100％正しくとらえることはできない．たとえば，「○○テレビ局の月9ドラマをみているのは関東地区で234万5678世帯です」という具合に1世帯単位で正しくわかるわけではなく，ある程度の幅(誤差の範囲)を含んだものとして把握することになる．このような，標本調査であるために生じる誤差のことを**標本誤差**という．標本調査である限り標本誤差をゼロにすることはできないが，標本誤差の大きさは数学的に見積もることができる．たとえば「○○テレビのドラマの視聴率は，**信頼度**95％で10.0％±2.0％である」ということができる(この文章の意味は第6章で詳しく説明する)．全数調査では標本誤差はゼロである．

　なお，社会調査における結果の誤差には標本誤差以外にもさまざまなものが

あり，それらをまとめて**非標本誤差**という．たとえば，

- 一部の対象者が回答拒否することにより生じる誤差
- 調査票への記入漏れや誤記入により生じる誤差
- 集計時の処理ミスにより生じる誤差

などが非標本誤差である．非標本誤差は全数調査でも標本調査でも起こりうるが，その大きさを数学的に見積もることは難しい．ただ，回答拒否や記入漏れ，誤記入などは調査対象者に対する丁寧な説明などにより減ることが期待できるので，全数調査を行うよりも比較的少数の対象に対する抽出調査で対象者に丁寧な説明を行うことにより，標本誤差と非標本誤差を合わせた全体の誤差を小さくすることも期待できる．

　全数調査と比較した標本調査のメリット・デメリットを挙げると，

- 調査に要する費用については，一般的に標本調査のほうが費用が低くて済む．
- 実施から公表にかかる時間も，一般的に標本調査のほうが短くて済む．たとえば全数調査である国勢調査は結果公表までに1年以上かかるが，標本調査である労働力調査は1カ月後に結果が公表される．そのため，速報性が求められる調査は標本調査で行われることが多い．
- 結果の精度については，すでに述べたように標本調査には標本誤差がある．しかしながら誤差には非標本誤差もあり，両方を合わせた全体の誤差については標本調査のほうが小さくなる可能性もある．
- 標本調査は母集団全体の状況を把握することができるが，母集団のなかの小さい部分については十分にわからない．たとえば，労働力調査では市町村別の失業率といったものはわからない．全数調査である国勢調査では○○町1丁目といった町丁字別や500 mメッシュといった細かい区域の情報を得ることができる．

　また，標本調査を適切に行うためには，通常，母集団の情報を与える全数調査の実施が前提となる．実際，労働力調査は，国勢調査の結果を基に抽出を行って調査を実施し，結果についても国勢調査の情報を使って日本全体の状況を推定している．

　適切に管理された標本調査の威力を世のなかに知らしめた有名なエピソードが，1936 年のアメリカ合衆国大統領選挙におけるギャラップ社の調査である．詳しくは第 5 章のコラムで紹介するが，同社は 3000 人の標本調査に基づき，民主党ルーズヴェルト候補の当選を予測してみせた．

　標本調査でも最終的には母集団の状況を知りたいのだから，調査の結果を使って母集団における状況を推定することが行われる．たとえば労働力調査では日本全体の産業別就業者数や失業者数を推定している．このように，標本調査の結果から母集団のさまざまな数値 (**母数**という) を推定する作業を母集団推定または母集団復元という．全数調査では本来は母集団推定は不要なはず (調査結果がそのまま母数であるはず) なのだが，実際には全数調査といっても回答してくれない調査対象者がいたりするので，その分を補正する作業を行う場合が多い．

　標本調査において，調査するために抽出した対象の集団を標本，そこに含まれる対象の数を**標本サイズ** (または，標本の大きさ，サンプルサイズ) という．標本数というのは集団としての標本の個数のことである．たとえば，テレビ視聴率調査では，関東地区から標本サイズが 900 世帯の標本 1 つを選んで調査していることになる．「標本数が 900 世帯」という言い方は間違いである．

　詳しくは第 5 章で扱うが，標本誤差の大きさを決めるのは基本的に標本サイズであり，母集団から何％の対象を標本に選んだかという抽出率 (＝ 標本サイズ ÷ 母集団サイズ) ではない．つまり，全国調査で標本サイズ 2000 の標本で調査を行った場合，それと同様の精度 (標本誤差) の調査を東京都で行おうとすると，標本サイズは約 10 分の 1 で済むわけではなく，全国調査と同様のサイズ 2000 が必要というのである．ラーメンのスープのたとえでいえば，鍋をよくかき混ぜれば，小さな鍋でも大きな寸胴鍋でも味見に必要なのはスプーン 1 杯，ということである．

標本サイズと標本数	# Column

　本文でも述べたように，「900 世帯を選んで標本調査を行った」という場合の標本数は 1，標本サイズが 900 というのが学術的には正しい用語である．これは，標本を表す英語の sample が，group と同様，集合としての概念を表す単語だからである．「グループ」という単語だと，「関東地区で 900 世帯，関西地区と名古屋地区でそれぞれ 600 世帯のグループ」に対しては「グループ数は 3 で，グループのサイズがそれぞれ 900，600，600」

というだろう. ここで「グループ」を「標本」と言い換えれば「標本数は 3, 標本のサイズが 900, 600, 600」となる, というだけのことである.

残念ながら, 新聞記事や一部の調査報告書では「標本数が 900」と書いてあるものが散見される. こういう誤りがあるような調査は専門家からの信用をなくすことにつながる. 本書の読者はこのような誤りをしないよう注意してほしい.

3.5 調査員調査 (面接法, 留置法), 郵送調査, 電話調査, 集合調査, インターネット調査

社会調査のデータを集める方法としてはさまざまなものがあるが, そういった観点からの分類を考えよう. それぞれの方法には得手不得手があり, 目的に応じた手法を採用することが大事である.

3.5.1 調査員調査 (面接法)

調査員調査は調査員とよばれる人が調査対象の家庭や企業を訪問して対象者に直接面接し, そこで質問をした結果を記録するものである. 企業の信用調査や一部の世論調査ではよく用いられている方法である.

この方法の最大のメリットは, 得られるデータの質が高いことである. 面接して聞き取りを行うため, 回答者が質問内容を十分に理解していない場合は補足で説明を行うことができ, 理解不足による誤回答を防ぐことができる. 回答漏れも防ぐことができる. 回収率も, 最近は調査への協力を得ることが難しくなっているとはいえ, 後述する郵送調査などよりは高い.

一方, 最大のデメリットは, コストがかかることである. 調査員がわざわざ出向いて面接するのだから, 1 日でせいぜい数件しか集めることができず, 人件費はかなりかさむ. また, 調査対象者からの質問に的確に答えられる質の高い調査員をそろえるのもなかなか困難である. さらに, 面と向かって聞かれても答えにくい質問 (世帯の収入など) には不向きである.

3.5.2　調査員調査 (留置法)

　調査員調査でも，その場で長々とインタビューせずに，調査依頼と簡単な説明をしたうえで調査票を置いておき，記入してもらった調査票を後日受け取りに来る，という方法がある．これを**留置法**という．

　留置法の最大のメリットは，高い回収率が期待できることである．郵便であれば忘れられたり無視されたりすることも多いが，調査員がわざわざ出向いてきて「お願いします」と言えば，人情としてなかなか断りづらい．そのため，高い回収率が求められる政府統計，そのなかでも世帯調査や小規模事業所調査に多用されている．質問内容に関しては，調査員がいちいち説明することができず，せいぜい「記入の手引き」を手渡してそれをみながら記入してもらうことになるので，あまり複雑な質問はできない．その一方，面接法では困難だった，面と向かっては答えにくい質問 (自分の給料の金額など) も調査票には書いてもらうことができる．

　最大のデメリットは，面接法と同じく，コストがかかることである．調査員がわざわざ出向くのは面接法と同様であり，調査員には面接法ほどの高度の技量は必要ないものの調査の意義をきちんと理解して回答を依頼するだけの対人折衝能力が求められる．記入してもらった調査票を受け取りに行くことも必要となるが，この部分については，最近では郵送提出やインターネット回答も併用してコストの削減を図るのがトレンドである．

　上述のように，政府統計のうち世帯調査では留置法が主として用いられている．たとえば国勢調査では全国で約70万人の調査員の方が調査に当たっており，調査世帯の訪問 (と世帯の把握漏れがないかの確認) や調査票の配布・回収を行っている．以前は調査票回収のときに記入漏れがないかを調査員がざっとみていたが，最近では「回答内容を調査員にみられたくない」という声もあって，封筒に入れて封をしたものを回収 (調査員ではなく市区町村の職員が開封して内容をチェック) することも行われている．また，インターネット回答や郵送提出も積極的に推進されている．とくに，インターネット回答は，記入漏れや簡単な誤記入のチェックもできるので，調査を実施する側・される側双方にとってメリットが大きい．

3.5.3 郵送調査

調査に関する依頼状や調査票, 記入の手引きなどの書類一式を対象者に郵送し, 記入してもらった調査票を郵送で送り返してもらうのが**郵送法**である.

郵送法の最大のメリットは, コストが低く実施できることである. 書類の厚さにもよるが調査票などの郵送に 100 円前後, 返信用封筒にも同額として, 印刷代などを含めても 1 対象者あたり数百円でできてしまう. 実際には, それに加えて, 調査対象者からの問合せに答えるための電話やインターネットでの応対窓口を設ける必要があり, さらに回収率を確保するためにはハガキや電話による督促も必要になるが, それでも調査員調査よりはコストは低くて済む.

一方でデメリットとしては, 調査の質を確保することが難しいことが挙げられる. まず, 郵送で調査書類を送っても無視されるか忘れられるかして, 回収率がなかなか上がらない. これに対しては郵送のときの封筒の色を目立つ色にすることや, 粗品でボールペンなどを封入して「おや, 封筒が膨らんでいるが何が入っているのだろう」と思わせて封を開けてもらうなど, いくつかの工夫があるが, 調査員調査ほどの回収率を上げるのは難しい. また, 回答してもらった場合でも, 空欄だったり誤記入だったりすることもある. 郵送調査では対象者に対して直接説明する機会がないため, 調査票や記入の手引きがわかりやすいものになるよう, 細心の注意が必要である.

政府統計では, 郵送調査は主として企業対象の調査で多く用いられている. 世帯調査では調査員が出向いて回答依頼を行うことが回収率確保のために重要なのだが, 企業調査の場合は回答依頼を事前に業界団体などを通じて行っていることが多く, また, ある程度決まりきった調査内容であれば企業の事務処理のなかで行ったほうが効率的なこと, また調査員が訪問してきても企業にとってはその応対が負担になることなどから郵送調査を採用している.

3.5.4 電話調査

対象者に電話をかけて質問し, 回答を聞き取って記録するのが電話調査である. 2.3 節で紹介したように, 世論調査では **RDD 法**を使った電話調査が数多く行われている.

　電話調査のメリットは，調査実施から集計・公表までが短時間にできることである．調査員調査のように訪問して回収するといった手間がないし郵送調査のように郵便が届くのを待つこともない．また，社会調査ではつきものの回答内容のチェック (記入漏れや誤記入がないか) も，電話オペレーターの注意により誤り自体が少なければ，スピーディーにチェックができる．そのため，速報性が重視されるマスコミの世論調査では多く用いられている．

　デメリットとしては，回答してくれる人が偏るおそれがある．日中に家庭に電話をかけた場合，電話に出てくれるのが日中在宅率の高い高齢者や専業主婦に偏るおそれもある．知らない番号からいきなり電話がかかってきた場合，そもそも電話に出ないという人もいるだろうし，電話に出たとしても調査に協力してくれる人が偏っている (社会問題への関心が強い人など) おそれもある．これらに対しては，たとえば年齢や性別の偏りに関しては日本全体の人口構成に合わせて結果を補正 (前節で述べた母集団推定) したり，電話調査に協力してくれる人の属性を用いて結果を補正する傾向スコアとよばれる方法を使ったりすることもある．また，電話で調査するために質問内容は簡単なものにならざるをえず，ゆっくり考えて回答することができないため，調査員調査と比較すると正確性に劣るという評価をされることもある．

　以前は，RDD法は固定電話のみを対象としていて「携帯電話しか持っていない人が漏れている」という批判があったが，最近では携帯電話も含めたRDD方式も行われている．

3.5.5　集合調査

　集合調査は調査対象者を1カ所に集めて，その場で説明や質問を行い，回答を記入してもらう方法である．マーケティングリサーチの質的調査や，市役所・大学などでの「モニタ調査」と言われるもので多く用いられている方法である．

　集合調査のメリットは，回答内容の質が高く，またさまざまなことを聞くことができる点が挙げられる．調査を行う背景事情や参考情報などをその場で説明したりビデオを流したりすることができるし，「新商品のドーナツを開発するための調査」として何種類かのドーナツを食べてもらって感想を聞くといった

こともできる.

　一方で, デメリットとしては, 実施が大変だということがある. まず, 対象者に, ある決められた時間に特定の場所に集まってもらわなくてはならない. そのような人を集めるのが一苦労である. 1 カ所に集まってもらってその場で調査票に記入してもらうので表面上の回収率は高いのだが, そもそも集まってくれる人がかなり限定されている. そのため, 通常は, あらかじめ「市政モニタ」や「新商品開発モニタ」として登録している人に来てもらったり, 大学の掲示板に「◯日の◯時に集まってください」という掲示を出したりする. そうすると, 集まってきてくれる人は, もともと新商品に興味がある人など, 偏りがあるおそれがある. 分析のときには十分に注意しなくてはならない.

　データの集め方としては, これら以外にも, 街頭インタビューや商品購入者からのハガキなどがある. 街頭インタビューはテレビではおなじみだし消費者からのハガキは商品の改善点について有益な示唆を与えてくれるので重要な手段ではあるが, 標本の偏りのおそれがあることについては十分に注意しなくてはならない. よくテレビコマーシャルで「利用者の 9 割が満足との回答」という宣伝文句をみかけるが, こういった場合にハガキを返送してくれる利用者に偏りがないかは注意を要する.

　最後に, 世のなかではここで述べたどのような方法で調査が行われているのか, またそれぞれの回収率はどの程度かということを紹介する. 元データは内閣府大臣官房政府広報室 (以前は内閣総理大臣官房広報室) が調査・集計している『全国世論調査の現況』である. これは, わが国の政府機関, 都道府県・市, 大学, 報道機関, 広告業企業などを対象に, どのような世論調査を行って結果がどうであったかを調査したものである. 対象となる世論調査にはもっぱら客観的事実を調査する統計調査は含まれない (したがって統計法で報告義務が課されている統計調査などは含まれていない) などの制限があるが, 大まかな傾向はみてとれるであろう.

　表3.2をみると, まず, 世論調査の数自体が大幅に伸びている. 社会調査の重

要性が高まっていることの証左といえよう．内訳をみると郵送調査が大幅に増えており，調査員調査は却って減少している．コスト面から調査員調査が減ってきているのではないかと推察される．

表3.2　調査方法別の世論調査数と平均回収率

調査方法 注1	昭和 45 年 4 月〜46 年 3 月		平成 28 年 4 月〜29 年 3 月	
	調査数	平均回収率 注2	調査数	平均回収率
調査員調査 (面接法)	228	82％	89	70.3％
〃 　　 (留置法)	183	81％	53	70.0％
郵送調査	111	53％	1534	48.7％
電話調査	—注3	—	49	51.2％
集合調査	19	93％	67	85.4％
その他 注4	14		258	

出所：内閣総理大臣官房広報室編『昭和 46 年版　世論調査年報』，内閣府大臣官房政府広報室『全国世論調査の現況 (平成 29 年版)』から筆者作成

注1　原資料では「個別面接聴取法」などの用語を用いているが，ここでは本書の用語に合わせた．

注2　昭和 46 年版年報では回収率が 10％刻み (80-89％など) でしか記載されていないため，平均回収率は，「80-89％」のところを 85％で代表させる方法により筆者が試算．

注3　昭和 46 年版年報では，対象が「調査票を用いる調査」とされており，電話調査は対象外．

注4　「その他」には，「2 つ以上の方法の併用」なども含む．

回収率をみると，

集合調査 > 調査員調査 > 電話調査，郵送調査

となっている．ただし，すでに述べたように，集合調査については対象者を集める時点でかなり絞り込まれていることに注意が必要である．また，昭和 45 年度と平成 28 年度を比べると，どの調査方法でも回収率が下がっていること，特に調査員調査での低下が大きいことがみてとれる．プライバシー意識の高まりなどにより，社会調査への協力が得られにくくなってきていることがデータからもみてとれる．

　なお，ここで対象となっているのは，官公庁や調査会社のような調査のプロフェッショナルが行った世論調査である．それですら郵送調査では 50％程度にとどまっている．学生諸君が卒業研究などで社会調査を実施しようとしても回収率はかなり低いものになってしまうことは覚悟しておこう．社会調査はそれ

だけ難しいものなのである. そういうことも踏まえて, 逆に自分が調査の対象となった場合は, 調査の必要性なども考慮したうえで協力してあげてほしい.

最近増えてきた**インターネット調査**についても, ここで簡単にふれておく. 本節での分類に従うと, 調査票の配布および記入済み調査票の回収をインターネットで行うものがインターネット調査であるが, 調査票の配布を行うにはあらかじめメールアドレスを登録してもらわなくてはならない. そういうこともあって, 現在, インターネット調査とよばれているものは,

- 対象者は専門の調査会社にあらかじめモニタとして登録
- 調査会社は調査の依頼があると, 登録モニタのなかから条件に合致した人々を抽出
- インターネットを介して調査を実施 (一般には, 調査票を送るのではなく, インターネット上の回答フォームに記入) し, 集計結果を報告する

という流れをとっている. したがって, インターネット調査を実施しようとしても, 誰もがすぐにできるわけではなく, 専門の調査会社に調査を (有償で) 依頼する必要がある.

インターネット調査のメリットとしては, 調査実施後に短時間で結果が出ること, 登録モニタは元々調査に協力する意思がある人たちであるとともに回答者に対して謝礼を出すことが容易 (インターネット上のポイント付与など) なので高い回収率が見込めることなどが挙げられる. また, 調査を専門会社に委託する必要があるといっても, その費用は他の調査方法と比較すると安価なことが多い.

一方, デメリットとしては, 集合調査と同様, 対象に偏りがあるおそれが挙げられる. モニタに登録している点だけをみても, 一般の人と違った点があるのではないか, 他の点においても一般の人と違う性向があるのではないかという懸念がある. すでに述べたように傾向スコア法を用いてそれを補正する方法も考案されているが, 傾向スコア法を適用するためには事前に十分なデータが必要となる.

このようなこともあって, かつてはインターネット調査はキワモノ扱いされていたこともあったが, 経験が蓄積されてきたことやモニタ数も増えてきたこ

ともあって，だんだん市民権を得てきたように思われる．実際，世論調査・マーケティングリサーチの分野では，すでに約半数がインターネット調査で行われているというデータもある[1]．従来型の調査方法が回収率の低下に悩んでいるなか，インターネット調査の重要性はますます増加していくと思われる．

以上，述べてきた各種の調査方法の特徴をまとめておこう．それぞれにメリット・デメリットがあるので，やろうとしている調査の内容や予算を踏まえて最適な調査方法を選択することが重要である．

表 3.3 各調査方法の特徴

	正確性	回収率	偏りのなさ	コスト
調査員調査 (面接法)	◎	◎	◎	△
〃 (留置法)	◎	◎	◎	△
郵送調査	○	△	◎	◎
電話調査	△	△	△	○
集合調査	◎	◎	△	○
インターネット調査	△	○	△	◎

　最後に，**自記式調査**と**他記式調査**の区別について述べておこう．自記式調査というのは調査票や回答フォームに調査対象者本人が記入するものをいう．それに対し，他記式調査とは調査票や回答フォームに対象者本人ではなく他人 (調査員などの調査実施者側の人) が記入するものをいう．なお，自記式調査・他記式調査はそれぞれ自計式調査・他計式調査とよばれることもある (政府統計では自計式調査・他計式調査という用語を使うことが多い)．

　自記式か他記式かという区別は，本節で扱った調査方法の区別と基本的に対応している．

- 調査員調査 (面接法) や電話調査[2]は，それぞれ調査員，電話オペレーターが調査票に記入するので，他記式
- 調査員調査 (留置法)，郵送調査，集合調査，インターネット調査は，調

---

[1] https://www.intage.co.jp/gallery/global-research/
[2] 電話調査の場合，電話オペレーターが聞き取った内容を記録するのであれば他記式だが，自動応答方式で音声ガイダンスに従って調査対象者がプッシュホンなどで回答を入力するのであれば自記式である．

　査対象者本人が調査票 (または回答フォーム) に記入するので，自記式ということになる．すでに述べたように，他記式は調査員が記入漏れなどをチェックできるのでそういったことが起きない反面，他人には話しにくい項目について正確な回答が期待できない．自記式はその逆になるが，ただし，インターネット回答などでエラーチェック機能を仕込んでおけば記入漏れなどは防止できる．

章 末 問 題

3-1　統計的研究および事例研究の例を探してみよ.

3-2　非標本誤差として, 本文で挙げたものの他にどのようなものが考えられるか, 例を挙げよ.

3-3　e-Stat に登録されている調査を選び, それが 3.5 節の調査方法の分類でどれに該当し, なぜその方法をとっているのかを考察せよ.

3-4　郵送調査で回収率を上げるにはどのような対策が考えられるか.

3-5　傾向スコア法による補正方法について詳しく調べてみよ.

第**4**章

調査の企画

　ここまでは社会調査の意義やどういう種類があるのかを紹介してきたが，ここからは，実際に社会調査を実施するにはどうすればよいか，順を追って説明する．読者のなかには社会調査を実施する予定はない人がいるかもしれないが，社会調査の結果を利用するだけであっても，そのデータがどのように作られているかを理解しておくことは重要である．

4.1　調査スケジュール

　どのような仕事であっても，最初に考えなくてはならないのは全体の流れとスケジュール感である．社会調査については，おおむね図 4.1 のような流れになる．ここでは調査員調査をイメージしているが，ほかの調査方法でも大きな差はない．

　このようにみていくと，調査の実施を思い立ってから一連の作業が終わるまでに半年程度 (場合によっては 1 年以上) は要することがわかる．社会調査の実施はかなり大変なのである．それだからこそ，最初の時点から十分に計画を練り，万が一にも後戻りが生じないようにしなくてはならない．

　図 4.1 に示された各プロセスについて，簡単に紹介する．

調査の構想 (1 カ月)
- 調査目的の明確化，調査項目の検討
- 調査方法の決定
- 調査対象，抽出方法の決定
- 実施体制，スケジュール

↓

調査に向けた準備 (2 カ月)
- 調査票の作成
  質問文の作成，編集，プリテスト，印刷
- 記入の手引きなどの作成
- 標本の抽出，名簿作成
- 調査員，電話応対窓口の確保
- 調査マニュアルの整備

↓

実査 (1 カ月)
- 依頼状の発送
- 調査対象者への訪問，依頼
- 調査票の回収
- 未回答者への督促

↓

データチェック，入力 (1 カ月)
- データのチェック，コーディング，補定
- データ入力
- コードブックの整備

↓

集計，分析 (1 カ月)
- 単純集計
- クロス集計，多変量解析
- 報告書の作成

図 4.1　社会調査実施の流れ

① 調査の構想

　社会調査で何をやりたいかを明確化し，それを具体的な調査計画に落とし込んでいく作業である．

　たとえば，あなたが市役所の企画課に勤務していて，「わが市の人口を増やす」という目標実現への対策を担当することになったとしよう．まずは過去の施策や他市の例を文献などで調べることになるが，そのうえで，「人口を増やしたい」から踏み込んでいって，「子育て世代を増やす」→「子育て施策として何が求められているか」と考察を深めていくと，「わが市において今後充実していくべき施策はどれですか．」

1. 保育所の増設
2. 小児科医療の充実
3. ・・・

といった問いが考えられるであろう．

　これを実際に社会調査で調べようとすると，

- 調査方法をどうするか：調査員調査か郵送調査か集合調査かなど．
- 調査対象をどうするか：広く市民全体に聞くか「20〜39 歳の男女」か．標本サイズはどの程度にするか．
- 調査対象の抽出方法：層化抽出 (第 5 章で扱う) かどうか．層化する場合どのような層とするか．

といったぐあいに，実際の調査計画に落とし込んでいく．そして，調査報告書の「調査の概要」のところに書くような「調査の目的，調査項目，調査対象，標本サイズ，標本抽出の方法」といった項目を決めていく，というのがこのステップで行うべきことである．

　また仕事として社会調査を実施する場合，そのための組織体制の整備 (責任体制の明確化，他課からの応援や非常勤職員の雇用なども含めた要員計画)，予算確保，スケジュール管理などが必要になる．本書では仕事の進め方まで説明はしないが，仕事を進めるにあたって「サブ (substance，内容) よりロジ (logistics，兵站) のほうが大事」といわれるくらい，重要なものである．

② 調査の準備

　次に行うのが，①で決めた「調査の概要」に基づいて，具体的な準備を進めることである．やり直しがきかないので細心の注意を要するパートであり，また，こまごまとした作業がある，時間を要するパートでもある．ただ，「神は細部に宿る」といわれるように，この部分をどれだけ注意深くやるかで，調査の出来栄えが変わってくる．

　このパートの目標の1つが，「調査票を完成させる」ことである．調査員調査(留置法)や郵送調査であれば調査票は必須だし，面接調査や電話調査でもその場の思い付きで質問するわけではなく「どのようなことを，どういう切り出し方で聞くか」というものは準備しておかなくてはならない．何を聞くかということは①の調査の概要で決まっているはずだが，それを具体的な調査票に落とし込むためには，質問文の言葉遣いや選択肢を何にするかなど，いろいろと考える必要がある．調査票の見栄え，レイアウトも重要な要素である．スケジュールと予算が許せば，いったん作ってみた調査票を使って小規模な試行調査(プリテスト)をやり，その結果，回答者にわかりにくいところなどを修正する．予算制約などのためにプリテストができない場合でも，担当チーム以外の人に調査票をみてもらい別の目でチェックしてもらうことは重要である．

　調査票以外に，依頼状や記入の手引きなどの調査関係書類も準備する．調査員調査(留置法)や郵送調査では，回答者に対して細かい説明はできず，記入の手引きを頼りに調査票に記入してもらうことになるので，利用者目線に立った書類を作らなくてはならない．

　調査書類の作成と並行して，標本の抽出などの作業を行う．標本抽出のためには，基本的には抽出の基となる名簿が必要になる．公益性の高い統計調査，世論調査，学術研究の場合は住民基本台帳の閲覧が認められているので，市役所などに行って必要な手続きをとる．かつては住民基本台帳は誰でも閲覧が可能であったが，個人情報保護の観点から平成18年の法改正で閲覧目的が限定された．「公益性の高い」といっても必ずしも公的機関に限定されるものではなく，報道機関やシンクタンクの調査のためには閲覧が認められる場合があるので，詳しくは市役所などに相談してほしい．その他，学校やお店の利用者の名簿，企

業対象調査であれば地元の商工会議所に相談するなどが考えられる．その名簿に対し，①で決めた抽出方法に従って対象を抽出し，名簿を作成する．調査員調査であれば地図の整理も必要となる．

ロジスティックスの観点からは，調査員や電話応対要員を確保して，調査マニュアルを整備し事前講習を行っておくことも重要である．

③ 実査

いよいよ実際に調査員が訪問したり電話調査で対象に電話したりしてデータを収集するのが**実査**である．

調査員調査の場合であっても，最近では，事前に依頼状ハガキを出すのが一般的である．そのうえで，実際に調査対象者の家や事業所を訪問し，調査票に記入してもらう．留置法であれば調査票を受け取りに行く日時の確認や郵送提出のための封筒の手渡しなども行う．郵送調査や電話調査でも，どの対象から回答が得られたかを名簿上できちんと管理しておく．

郵送調査では，締め切りを過ぎたころを見計らって，未提出の方に「まだ届いていませんが，お忘れではないですか」と連絡をする (**督促**という)．

④ データチェック，入力

回答のあったデータは，入力前に一度チェックを行う．回答が一部空欄になって漏れているものはかなりあるし，数値の桁ずれ (万円単位で書くべきところを円単位で記入してしまうなど) もある．そういった間違いをみつけた場合，可能であれば対象者に確認して修正するのだが，調査員の雇用期間が終わっていたり，郵送調査で電話番号がわからないとなかなか問い合せようがなかったりする．明らかな間違いであれば調査実施者の判断で修正することもあるが，修正できなかったものは基本的に集計から除外する (捨てる) しかない．これを防止するには，調査票や記入の手引きの作成において十二分の注意を払い，誤記入などが起きないような書類を作るしかない．

また，質問によっては，符号付け (**コーディング**) を行うものもある．たとえば，国勢調査では勤め先や職業は言葉 (「○○大学　教授」など) で記入しても

らっているが，それを別途定められた産業分類コードや職業分類コードのどこに当てはまるか決めることである．たとえば大学教員であれば産業分類は「81a 学校教育 (専修学校，各種学校を除く)」，職業分類は「19c 大学教員」となる．国勢調査では調査票を光学式文字読取装置 (OCR) で読み取ってある程度は機械的にコーディングを行うのだが，機械では判断できない難しい例もあって最終的には専門の職員が判断することになる．OCR を使っていない調査では人間が文字を読み取ってコードに変換することになる．どのようなコーディングを行ったかは，後になってもわかるように，**コードブック**としてまとめておく．

　いったんデータを入力して簡単な仮集計やヒストグラムを描いてみて，過去の値からの大幅なかい離や異常値がないかをチェックする．そこまでやって，分析用のデータセットの完成である．

⑤ データチェック，入力

　ここまできてようやく集計，分析である．まず，単純集計として，対象の年齢分布や各項目の度数や平均といった基本的な集計をやってみる．このような単純集計は，どういう結果になるかある程度の予想がついているものも多いので，計算結果がそれと矛盾しないか，計算プログラムのチェックの意味合いもある．

　そしてだんだん複雑なクロス集計や多変量解析などの分析に移っていく．調査の目的にあった仮説の検証なども，ようやくここでやれることになる．

　分析が終わると報告書のとりまとめである．集計結果や分析結果，それに基づく考察をまとめるだけでなく，後から見てどのような調査だったかわかるように調査の概要もまとめておく．社会調査は労力も時間もかかるものなので，集計された結果だけでなく個々の回答内容 (個票データ) も含めて後からでも利用できるようにしておくことが重要である．

4.2　問いの立て方

　社会調査の出発点となるのが「世のなかのことについて知りたい」という欲求である．ただ，それが漠然としたもののままでは調査にならないので，そこから問題を具体化し，仮説を立て，調査の問い (リサーチクエスチョン) に「練

り上げる」ことが必要である.

そのためには,何らかの「仮説」を立ててみて,それに基づいて考えをまとめていくことが効率的である.先ほどの例だと,「市の人口を増やしたい」という問題意識からスタートしていって,

- そのためには,子育て世代を増やす必要があるのではないか
- 子育て世代を増やすためには,子育て施策の充実が求められているのではないか
- 子育て施策として求められているのは「保育所の増設」ではないか あるいは「小児科医療の充実」ではないか

と,仮説をどんどん深めていくのである.

重要なのは,自分がやろうとしているのが 3.3 節で述べた探索型調査,仮説検証型調査,現状把握型調査のどれに該当するか,きちんと意識して問いを設定することである.たとえば,探索型調査をやるのであれば,「あなたは子育て施策として,どのようなものの充実を期待していますか」と聞くことが考えられるし,「子育て施策の充実度合いが人口増加に影響を与えている」という仮説を検証するのであれば子育て施策の充実している近隣市との比較が考えられる.目的に応じて問いの立て方も変わってくるのである.

相関関係と因果関係の違い,交絡因子

また,**相関関係**と**因果関係**の違い,**交絡因子**の存在といったことにも注意しなくてはならない.相関関係とは「A が増加すると B も増加する傾向にある(または逆に,A が増加すると B が減少する傾向にある)」ということで,たとえば

- 勉強すると成績は上がる(傾向にある)
- 交通安全標識の多い交差点ほど,交通事故の発生が多い
- アイスクリームの消費量が多い日はプールでの事故も多い
- 阪神タイガースが優勝すると景気がよくなる(阪神タイガースがセントラルリーグ優勝したのは 1962 年,1964 年,1985 年,2003 年,2005 年であるが,これらはオリンピック景気(1962-64 年),バブル景気(1986-91 年),いざなみ景気(2002-09 年)とほぼ重なる).

といったものである.数学的には,**相関係数**を計算すれば相関関係の有無が判

断できる (相関係数は第 6 章でふれる).

それに対し，因果関係とは「A の増加 (または減少) が原因となって B の増加 (または減少) が起きる」というもので，先ほどの例でいうと「勉強したことが原因となって成績が上がった」というのは因果関係といえるだろうが，「交通安全標識を設置したから交通事故が増えた」「アイスクリームの消費が増えたからプールの事故が増えた」「阪神タイガースが優勝したから景気がよくなった」というのは話としては怪しい．たとえば，交通安全標識と交通事故件数の関係については，標識を付けたから事故が増えた (標識を外すと事故は減る?) というより，もともと交通事故が多い交差点だったので標識を設置したという「逆向きの因果関係」であると考えるのが自然である．

アイスクリームの消費量とプールでの事故との関係は，因果関係や逆向きの因果ではなく，「これら双方に影響を与える第三の要因 (交絡因子という) があって，その結果，相関関係が現れた」と考えられる．具体的には，その日の気温という交絡因子があって，

- 気温が高いと，アイスクリームの消費量が多くなり，
- 気温が高いと，プールに行く人が増え，結果としてプールでの事故も増えた

という 2 つの因果関係の結果，因果関係のない「アイスクリームの消費量」と「プールでの事故件数」との間に相関関係が現れたと考えられる．

阪神タイガース優勝と景気との間には，因果関係や交絡因子は考えづらいので，これは単なる偶然と思ったほうがよさそうである．プロ野球の歴史は高々 100 年であり，標本サイズが 100 程度と小さいと，このような偶然が往々にしてみられる．

実は，因果関係を厳密に立証することは難しい．たとえば「勉強したから成績が上がった」と言っても「仮に勉強していなかったら成績はどうだったか」ということはタイムマシンでも持ってこないことには確かめようがない．ここは「論理的に考えて，勉強すれば成績は上がるはずだ」という推論を行うか，「勉強時間以外の要因は同じと考えられる人を 2 人とってきて，勉強時間と成績の相関をみる」「多変量解析の手法を使って，勉強時間以外の要因をコントロール

したうえで，勉強時間と成績の相関をみる」ということになる.

問いを立てるにあたっては，以上のようなことにも十分注意して，

- 2つの変数の間にどのような経路で相関関係が生じ得るかを論理的に考え，
- 交絡因子となりうるものはもれなく調査しておいて，分析の際に活用する

といったことが必要である.

4.3　調査計画の立案

問いが明確化されると，それに対応して，調査方法や調査対象，抽出方法といった調査計画を決定していくことになる. 調査計画は，調査のいわば「設計図」であり，これの出来の良し悪しが調査全体の出来を規定することになる.

調査方法というのは，3.5 節で紹介した調査員調査 (面接法，留置法)，郵送調査，電話調査，集合調査，インターネット調査のうちどれを採用するかである. そこでも説明したように，各方法には向き不向きがあるので，自分がやろうとしている調査に適した方法を，予算も考えながら決めていくことになる.

調査対象は，調べたい内容に適したものを選ぶことになるが，ここで気をつけないと，偏った対象を選んで誤った結論を導くことになりかねない. 対象の選び方が偏っていたことによる結果の偏りを**標本選択バイアス**といい，以下のようなものがある.

自己選択バイアス

標本に入るかどうかが対象者の選択に依っているために起こる偏りを**自己選択バイアス**という. たとえば，インターネット調査のモニタになるかどうかはその人の選択に委ねられているから，もともとインターネットに詳しい人や回答してポイントをもらうことに興味がある人が多くなってしまう. 以前，「男子中高生のなりたい職業の第 1 位が IT エンジニア・プログラマー」というアンケート結果が話題になったが，これがインターネット調査の結果であったことにも注意して結果を解釈する必要がある. その他にも，駅前での街頭インタビューや，「商品購入者の 9 割以上から『満足』との声がありました」という宣伝文句には自己選択バイアスが生じているおそれがある.

脱落バイアス

　同一の集団を継続して追跡調査を行う場合に，標本から対象が脱落していき，結果として残った対象が偏ってしまうことにより起こる偏りを**脱落バイアス**という．

　医学研究で入院患者を対象に調査しているような場合，重症者が死亡により脱落していったり，逆に軽症者は退院して脱落していったりすることにより，長期入院者には偏りが生じることになる．

　こういったことにも注意しながら適切な対象を選び，次章で説明する標本抽出方法まで決めて，ようやく「調査計画」が決まることになる．最終報告書では 1 ページ程度で済んでしまうものだが，調査計画を決めるに当たってはさまざまな検討が必要なのである．

章 末 問 題

4-1　以下の課題に答えるために，どのような社会調査を行えばよいか考えよ．

① 商店街活性化の方策

② 高齢者の生活実態の把握

③ 学校の成績を上げるための生活習慣

4-2　住民基本台帳の実際の利用手続について調べよ．

4-3　以下の推論のどこが間違っているか指摘せよ．

① 小学生を対象とした調査で，「ハンバーガーを食べる頻度」と「学校の成績」との間に負の相関があったので，成績を上げるためにはハンバーガーを食べないようにすべきである．

② 都道府県別データでみると，平均睡眠時間の長い県は死亡率 (人口 10 万人あたりの死亡者数) も高いことが見出された．したがって，あまり寝ないほうが健康にはよいといえる．

4-4　相関関係はあるが因果関係ではないものの例として，本文で紹介したもの以外にどういうものがあるか実例を挙げよ．

4-5　自己選択バイアスの例として，本文で紹介したもの以外にどのようなものがありうるか考察せよ．

第 **5** 章

標本調査

5.1 標本調査の意義

標本調査とは，すでに述べたように，対象の一部分だけを取り出して (標本抽出という) 調査を行うものをいう．

3.4 節でふれたとおり，標本調査には標本誤差があるが，その大きさは数学的に「誤差はせいぜいこの程度」という形で評価できる．その一方で，全数調査にも標本調査にも非標本誤差があるが，質問内容の誤解による誤差などは，標本調査で訓練の行き届いた少数の調査員が担当することで減らすこともできるので，標本誤差と非標本誤差とを合わせたトータルの誤差では標本調査のほうが優れている可能性もある．つまり「よく管理された標本調査は全数調査より優れている」ことも起こりうる．さらに，標本調査は，費用や速報性の点で全数調査より優れている．そのため，現在では，社会調査のほとんどが標本調査として行われている．

1936 年アメリカ大統領選挙の予測 # Column

1936 年のアメリカ大統領選挙における予測は，社会調査を学ぶうえで避けて通れないエピソードである．民主党からはニューディール政策の継続を訴えるフランクリン・ルーズヴェルト大統領が再選を目指し，かたや共和党からはカンザス州知事のアルフレッド・ランドンが候補に立った．当時権威のあった総合週刊誌のリテラリー・ダイジェストは，自誌の購読者名簿や電話加入者名簿，自動車保有者名簿などを使って約 1000 万人に郵便を送り，そこからの約 240 万の回答に基づいてランドン候補の勝利を予測した．一方，少壮の社会心理学者ジョージ・ギャラップが設立したばかりのアメリカ世論調査研究所

は，わずか 3000 人の回答を基にルーズヴェルトの当選を予測した[0]．結果はご存知のとおり，ルーズヴェルトは地滑り的な大勝利を収め，その後，1945 年まで大統領を務めた．予測を外したリテラリー・ダイジェストは廃刊に追い込まれ，一方でアメリカ世論研究所は世界的な調査会社であるギャラップ社へと大きく成長していくことになる．

　リテラリー・ダイジェストの失敗は，標本の偏りによるものであると評価されている．同誌はもともと富裕層が主要な購読者層であり，さらに当時は富裕層に限られていた自動車保有者や電話加入者の名簿を使った結果，ニューディールに批判的な人ばかりを調査対象に選んでしまったおそれがある．また，1000 万人以上に郵便を送りながら 240 万しか回答がなかったことによる偏りも指摘されている．

　一方，ギャラップは「科学的調査」と称して，有権者全体を収入・居住地 (都市部か農村部か)・性別で区分けして (5.3 節で紹介する「層化抽出」) 各区から定められた数の対象を選ぶ方法 (割当法) を採用した結果，リテラリー・ダイジェストと比べて偏りの小さい標本を選ぶことができたと考えられる．

　しかし，ギャラップ社も，1948 年の大統領選挙では予測を外してしまう．民主党のトルーマン (現職) と共和党のデューイとの間で争われた選挙は，ギャラップ社を含む多くの世論調査がデューイの勝利を予想するなか，トルーマンが勝利を収めたのであった．ギャラップ社ではこの失敗を受けて社内でも分析を行い，その結果指摘されたのが「標本抽出のしかたが，無作為抽出ではなく，『割当法』だった」という点である．有権者全体を収入・居住地・性別などで分ける (層化) ところまではよかったのだが，最後に，分けられた集団から対象者を選ぶ作業を調査員に委ねた結果，「その集団のなかで，調査に答えてもらいやすい人」が選ばれてしまったのではないかということである．収入・居住地・性別などにより層化を行ったとしても，さらに隠された偏りが残っていたかもしれず，それを排除するには最後の段階でサイコロを振るような方法でランダムに選ばなければならなかったということで，社会調査における無作為抽出の重要性が認識されることとなった (なお，ギャラップ社の失敗の要因については，これ以外にも，調査が投票日の 3 週間前に行われたものであり，調査時点から投票日までの間に有権者の心理に変化があったなどの可能性も指摘されている)．

　最近では，2016 年のアメリカ大統領選挙で多くの世論調査が民主党クリントン候補の勝利を予測するなかで共和党のトランプ候補が勝利した例 (このときは，全体の得票数ではクリントンが上回ったものの選挙人獲得数でトランプが上回ったという接戦での勝利だった) や，同じく 2016 年のイギリスの EU 離脱の可否に関する国民投票でも離脱反対派の勝利を予測する調査が多かったのに結果的には離脱賛成派が勝利したことなど，世論調査が予測を外すことはいまでもある．これらに対しては，世論調査で優勢を伝えられた側は「この調子ならわざわざ投票に行かなくても勝つだろう」と投票に行かなくなる一方で劣勢を伝えられた側は「頑張って投票に行かなくては」と思うというアナウンスメント効果などが指摘されているが，他の要因もあるかもしれない．世論調査は奥が深い．

---

[0] ギャラップ社調査の標本サイズには諸説ある．詳しくは，佐藤郁哉『社会調査の考え方 上』(東京大学出版会，2015) p.195 を参照．

5.2　標本抽出の方法

まず，いくつかの用語について確認しておこう．

母集団とは，分析の対象となる集団のことをいう．母集団が何であるかは調査の目的による．わが国に住んでいる人全体の傾向を捉えるのが目的なら日本に住んでいる約1億2千万人が母集団であるが，さらに広く「人間生活の普遍的真理を知りたい」というのであれば世のなかの人全体，「わがクラスの生活時間を調べる」のであればクラス全員が母集団である．母集団に含まれる対象 (人であったり会社であったり，いろいろ) の数を母集団サイズという．

母集団のなかから調査の対象として選ばれたものの全体を**標本**という．母集団から標本を選ぶことを**標本抽出**といい，選ばれた標本に含まれる対象の数を**標本サイズ**，個々の対象のことを**個体**という．

(標本サイズ)÷(母集団サイズ) のことを**抽出率**というが，実はあまり重要ではない．5.4節で詳しく説明するが，標本調査の精度を決めるのは基本的には標本サイズであり，抽出率はあまり関係がない．

標本抽出の方法にはさまざまなものがあるが，最初に挙げるのは**有意抽出**と**無作為抽出**，**単純無作為抽出**の区別である．

有意抽出は非確率抽出とよばれることもあるが，調査者の判断で特定の標本を選んで抽出するものをいう．たとえば，世論動向を調べるためにオピニオンリーダーや有識者を選んでインタビューする，若者の生活実態を調べるために渋谷駅前で高校生をつかまえてインタビューをする，自動車生産の状況をみるために上位3社の出荷台数を調べる，といったものである．前節のコラムで述べたギャラップ社の割当法は，収入・居住地・性別などにより層化を行ったうえで，そのなかから調査実施者が対象を選んでいたので，有意抽出ということになる．有意抽出は調査対象をうまく選ぶことができれば精度の高い情報を得ることができるが，実際は「うまく選ぶ」というのが難しい．「上位3社を調査」といった有意抽出はいまでも多く行われているが，いつの間にか下位の会社が大躍進しているかもしれないし，有意抽出では標本誤差を計算できない．また，街頭インタビューの結果が世のなかの動きを正確に代表しているとはだれも思わないであろう．

これに対し, 無作為抽出は確率抽出といわれることもあり, 対象の選び方が確率的に決まっているものをいう. 現在行われている社会調査の多くは無作為抽出であり, たとえば第 2 章で紹介した労働力調査や RDD 法による電話調査は無作為抽出である.

無作為抽出のうち, どの対象も等確率で標本に選ばれるもの[1]を単純無作為抽出という. たとえば小学校のクラスでくじ引きにより 5 人を対象に選ぶ, というものが単純無作為抽出である. 単純無作為抽出は数学的にさまざまな計算が楽なので, 理論の説明にはよく使われるが, 実際の調査 (特に大規模な調査) においてそのままの形で使われることは少ない. ただ, 理論的な出発点として, 単純無作為抽出の性質はきちんと理解しておくことが必要である.

なお, ややこしいことに, 本書でいう「単純無作為抽出」のことを単に「無作為抽出」とよんでいる文献もあるので注意してほしい.

(単純) 無作為抽出のことを, 英語では (simple) random sampling という. 日本語の「無作為」だと, 何もやらなければ無作為という意味にとられかねないが, 実際には単純無作為抽出は単純でもないし, 何もやらなければよいというものではない. たとえば, 住民アンケートをするために駅前で街頭インタビューを行っても単純無作為抽出ではない. 駅前に来る人というのは通勤や通学の人が多いであろうから, 「どの対象も等確率で標本に選ばれる」という条件を満たさないと思われるからである. 母集団に含まれる対象の一覧表 (住民アンケートだと, 住民基本台帳など) を用意し, コンピュータで乱数を発生させて該当する番号の人を対象にするといった手順を踏む必要がある. 単純無作為は放っておけばできるのではなく, 積極的に実現に向けて努力しないといけないのである.

5.3 層化抽出, 多段抽出, 集落抽出, 系統抽出

前節でふれたように, 実際の社会調査で単純無作為抽出がそのままの形で使われることはあまりない. 本節で扱う各種の方法は, 単純無作為抽出を一部修正して精度を高めたり事務効率化を行ったりする方法である.

---

[1] 正確にはもっと条件が厳しく, 標本サイズを n として, 母集団に属する n 個の対象からなるどの組合せも標本に選ばれる確率が等しい, という条件も加わる.

5.3.1 層化抽出法

たとえば，日本全国で 1 万人にアンケートをとって「日本人の好きな食べ物ランキング」を作るとしよう．もっとも単純なのは，前節でとりあげた単純無作為抽出で日本全国から 1 万人を選んで調査する方法である．ただ，この方法だと，おおむねうまくいく場合が多いものの，たまたま選んだ 1 万人のなかに関西の人が多かったり，あるいは北海道の人が多かったりする可能性がある．関西の人が多い場合はタコ焼きがやたら上位になりそうだし，北海道の人が多いとスープカレーが 1 位になるかもしれない．どうやら，食べ物の好みのように地域特性があるものについては，どの地域からもまんべんなく対象が選ばれるように工夫したほうがよさそうである．それが，**層化抽出**とよばれるものである．

層化抽出では，まず母集団全体をいくつかのグループに分ける．各グループのことを層という．上の例だと，日本に住んでいる人たちが北海道層，東北層，関東層，… といった層に分かれることになる．そして各層からまんべんなく対象を選ぶのが層化抽出である．

層化抽出では，調べようとしている項目と関連が大きいもので層を分けることが重要である．食べ物の好みに地域差があるのなら地域で層化する．政党支持率に年齢で差があるのなら年齢で層化する．そうやって，性格の異なる対象はできるだけ別の層になるようにし，性格が似通った対象は同じ層になるようにするのが精度を上げる秘訣である．

また，層化に使う項目は，調査者としてあらかじめわかっている (調査名簿に載っている) 項目である必要がある．たとえば個人対象の調査では，通常，住んでいる地域や年齢，性別で層化を行うが，いくら「支持政党が層化の項目として有効だ」といっても事前にはわからない項目なので層化には使えない．企業対象の調査では，産業分類 (製造業，卸・小売業などの区分) や企業規模で層化するのが一般的である (むしろ，よほどのことがない限りは，層化すべきである)．

「各層からまんべんなく対象を抽出する」といったが，「まんべんなく」のやり方にはいろいろある．たとえば日本全国から 1 万人を選ぶとき，北海道・東北・関東 … と 8 つの層に分けて各層から 1250 人ずつ選ぶというのも「まんべんなく」だろう．これは**均等割当法**とよばれており，各層の調査結果の精度を

ほぼ同じにする場合 (すでにふれたように結果精度は基本的に標本サイズで決まる) や，各層での事務負担の公平を図る場合などに用いられる．

　一方，「関東層は人口が多いのでたくさん割り当てるべき」という考えもある．全体の精度を考えると，均等割当法よりもこちらのほうが精度が高くなる．このように各層の大きさに比例して標本を割り振る方法を**比例配分法**という．実際の調査では比例配分法が多く用いられている．

　さらに，「層内の個体のばらつきが大きい層からは対象を多く抽出したほうが，全体としての精度が上がるだろう」という考えに基づき，各層のばらつきに比例して標本を割り振るのが**最適配分法**とよばれるものである．最適配分法というくらいだからすべての調査で最適配分法を用いればよいと思うかもしれないが，そのためには各層内のばらつきがあらかじめわかっていなければならない．同じような項目での調査を毎年繰り返し行っているような政府統計では，1 年前の調査結果を使って各層内のばらつきを予想できて最適配分法を用いることができるが，一般の調査ではそうはいかない．そのため，最適配分法は，一部の政府統計などでしか用いられていない．ただし，厳密な最適配分法でなくても，企業調査において企業規模別に層化を行った場合に「大企業の層はばらつきが大きいので全数調査しよう」ということはしばしば起こる (というより，ほとんどの場合にそうである)．最適配分法についてきちんと説明するには数式を用いる必要があるので，詳しい説明は次章に譲る．

　いずれにせよ，層化抽出を行うと，層により抽出率が異なってくる場合があるので，母集団に関する推定を行う際には気を付けて層ごとにきちんと推定を行わなくてはならない．抽出率が異なる層をまとめて計算してしまうと結果がゆがんでしまう．

5.3.2　多段抽出法

　話をもう一度，「日本人の好きな食べ物ランキング」を作るために単純無作為抽出で日本全国から 1 万人を選んで調査するところに戻そう．単純無作為抽出だと日本全国に対象が散らばる可能性があるため，北海道の北の端から沖縄の南の端まで対象がいる可能性がある．もし調査員調査をやるのであれば，北海

道の調査は北海道の人にお願いするとしても，道内 179 市町村をすべて回るのは大変である．そこで，対象が選ばれる市町村を先に絞り込んでおいて，そのなかから対象者を選ぼうというのが**多段抽出法**である．

　多段抽出法でも，まず母集団をいくつかのグループに分割する．次にそれらグループのなかからいくつかを抽出し，抽出されたグループのなかから最終的に調査対象を選ぶ．いきなり対象を抽出するのではなく，まずグループを選ぶという段階に分けているので多段抽出法という．上の例だと，たとえば日本全体の人口を北海道札幌市，函館市，・・・，沖縄県竹富町，与那国町と分け，最初に市町村を選ぶ．次に選ばれた市町村に住んでいる人のなかから調査対象者 (個体) を選ぶ．「最初に市町村を選び，次に対象者を選ぶ」という 2 段階なので 2 段抽出法という．「最初に都道府県を選び，次に市町村を選び，最後に対象者 (個体) を選ぶという 3 段階であれば 3 段抽出法という．

　多段抽出法では，たとえば北海道札幌市が選ばれて函館市が選ばれなかったら，「好きな食べ物ランキング」でイカソーメンが回答されなくなるかもしれない．「対象者を特定の市町村に固めておいて調査を効率的に行う」というメリットがある反面，「調査結果の精度が下がるかもしれない」というデメリットがある．このデメリットを減らすためには，各グループができるだけ同質的でどのグループが選ばれても結果があまり変わらない，金太郎アメの断面のようなグループとすることが望ましい．層化抽出の場合はグループ内ができるだけ同質的で各グループが全然違う性格のものになったほうがよかったので，多段抽出のグループ分けとは真逆である．

　多段抽出法のメリットには，もう 1 つ「名簿入手の手間が減る」というものがある．4.1 節でも紹介したように，世帯対象調査では市役所の住民基本台帳を閲覧して名簿を作成することが多いのだが，全国で約 1700 の市区町村役場で手続きをするのはかなり大変である．これが多段抽出で市区町村があらかじめ限定されていればかなりの負担減になる．調査員調査だけでなく郵送調査の場合でもこのようなメリットがある．

　多段抽出法でグループをどのように抽出するかについては，いくつかの方法がある．単純なのはグループを単純無作為抽出する方法であるが，これだとグ

ループが市町村であって規模の差があるときでも，各市町村が等確率で選ばれてしまい，そこから同数の対象を選ぶと結果として大都市に住んでいる人の抽出率が低くなってしまう．それを解消するため，第1段での抽出を，グループの大きさに比例して，大きいグループは高い確率で抽出されるようにする．これを**確率比例抽出法**という．実際に確率比例抽出を行うには，グループを抽出する名簿において，グループの大きさに比例した個数だけそのグループの名前を並べておいてから単純無作為抽出をすればよい．

　最後にあらためて層化抽出法と多段抽出法の違いをまとめておこう．

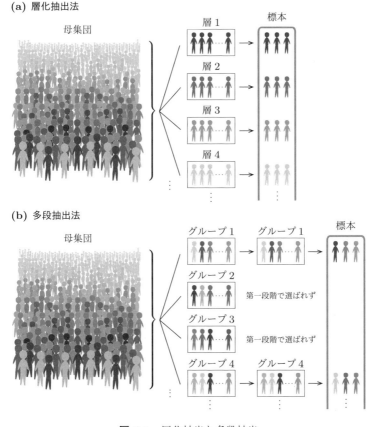

図 5.1　層化抽出と多段抽出

表5.1 層化抽出と多段抽出の比較

	層化抽出	多段抽出
方法	母集団をいくつかのグループ(層)に分け,各層から調査対象をまんべんなく抽出	母集団をいくつかのグループに分け,まずグループを選ぶ.次に選ばれたグループから対象をまんべんなく抽出
メリット	精度が上がる	調査対象が一定の地域に固まるので調査実施が効率的
デメリット	調査対象が全体にばらけ,効率的な調査ができないおそれ	精度が下がる
層/段の分け方	各層内が同質的で,層間の違いが大きいようにすると精度が上がる	各グループが同質的でグループ間の違いが小さいようにすると精度低下が防げる

5.3.3 層化多段抽出

　層化抽出と多段抽出にはそれぞれメリット,デメリットがあるが,この2つを組み合わせてお互いのメリットを発揮するようにしたものが**層化多段抽出法**である.調査対象が地理的にある程度固まっていて効率的に調査できる上に精度が高い調査ができるというものである.

　具体的には,まず,対象をある程度の地域的なまとまりで区分する.「○○町△△丁目」で分けるのが一般的であろうが,政府統計では国勢調査のために設定されている「国勢調査区」(1つの調査区におおむね50世帯ずつが含まれるように設定された区域)を使うことが多い.次にその地域たちを,似たような特性(住宅地・商業地・農業地域など)で層化する.そして層化された各層からいくつか地域を選び,各地域から調査対象世帯を選べば,層化のおかげで精度は高く,多段抽出で地域を選んでから世帯を選んでいるので対象世帯が一定の地域内に固まって効率的な調査ができる.段数により「層化2段抽出」「層化3段抽出」などとよぶ.

　総務省統計局の労働力調査は層化2段抽出法である.これは,全国の約100万の国勢調査区を,地域(北海道・東北・‥‥)や地域特性(農林業地区・商業地区‥‥)により約2900の層に分け,各層でまず国勢調査区を抽出し,次に選ばれた調査区から対象世帯を選ぶという方法をとっている.同じく統計局の家計

調査は層化3段抽出法である. 全国の市町村を規模や産業特性により168の層に分け, 第1段では各層から市町村を確率比例抽出, 第2段でそこから国勢調査区を抽出, 第3段で世帯を抽出している. 3段抽出としている理由の1つとして, 家計調査では各都道府県の県庁所在市のデータを出す必要があるために, たとえば滋賀県大津市だけで1つの層としている (したがって第1段で大津市は必ず選ばれる) ことがある.

多くの世帯調査では層化2段抽出法を採用している.「層化2段」というとカッコいいが, どういう層化をしていて第1段, 第2段で何を抽出しているかまできちんとみないと, どういう抽出なのかは本当はわからない.

5.3.4　集落抽出法 (クラスタ抽出法)

集落抽出法は, まず母集団をいくつかのグループに分割して, 次にそれらグループのなかからいくつかを抽出し, 抽出されたグループに属する対象をすべて調査するというものである. 2段抽出法に似ているが, 2段抽出法だと抽出されたグループのなかからさらに調査対象を抽出するのだが, 集落抽出だとそれをせずに全部調べることになる. たとえば, 日本全国を「○○市○○町」という町丁別に分けてそのなかからいくつかを抽出し, 選ばれた町に住んでいる全員を調査するというものである. 集落抽出法はクラスタ抽出法とよばれることもある.

集落抽出法のメリットとしては,

- 多段抽出法と同様, 対象が一定の地域に固まるので, 効率的な調査ができる.
- 名簿の準備に関しては, 多段抽出よりもさらに楽で, 名簿がいらない. すなわち, 調査対象の集落に住んでいる人全員が対象なので, 名簿を使わなくても全員を訪問すればよい.
- 調査をするときに「なぜ私が選ばれたのですか」と聞かれても,「この町の方の全員にお願いしています」と説明がしやすい.

ことが挙げられる. 一方, デメリットとしては, これも多段抽出法と同じく, 標本サイズが同じであれば単純無作為抽出よりも精度が下がる.

そのため，集落抽出法は，層化抽出法と組み合わせて層化集落抽出法として使われることがある．たとえば，厚生労働省の国民生活基礎調査は層化集落抽出法である．

5.3.5　系統抽出法

　層化抽出でも多段抽出でも最後の段階で対象を選ぶときは無作為抽出法をとることが多い．このとき，「1000 人のなかから 100 人を選ぶ」のに具体的にはどうすればよいのだろうか．

　さいころを振るのも面倒だし (そもそも正多面体は 4, 6, 8, 12, 20 の 5 種類しかないので 1000 面さいころなど存在しない)，1000 本のくじを作るのも大変である．コンピュータで乱数を発生させることもできるが大規模調査で数百，数千の乱数を発生させていちいち名簿にチェックを入れるのも大変である．そのため，実務で一般的に用いられるのが **系統抽出法** とよばれる方法である．

　系統抽出法では，まず対象者を 1 番から順番に並べた名簿を準備する．そして，上の例の「1000 人のなかから 100 人を選ぶ」のような場合には全体から 10 分の 1 を選ぶので，コンピュータで 1 から 10 の乱数を発生させて 1 から 10 の数字のうち 1 つを選ぶ．選ばれた数字が 5 であればそこから 10 おきに 15, 25, 35, ..., 995 と選び，該当する番号の人を調査対象とする．最初に選ばれた数字が 10 であれば 10, 20, ..., 990, 1000 である．

　系統抽出法は，数学的には単純無作為抽出ではない (上の例のように 10 おきに選ぶ場合は 1 と 11 と 21, ... は常にセットで選ばれる一方で，1 と 2 が同時に選ばれることはない)．また，名簿が周期的に並んでその周期が抽出周期と一致してしまった場合は標本に偏りが生じる．たとえば，名簿が男，女，男，女，…と規則的に並んでいてそこから 10 人おきに選ぶとすると，最初に男が選ばれれば標本はすべて男，最初に女が選ばれればすべて女となってしまう．しかし実際にはそんなに規則正しく並んでいる名簿はめったにないし，一方で，最初の 86 人は〇〇町，次の 57 人は△△町という具合に名簿ができていれば，系統抽出法で各町からまんべんなく (ほぼ人口に比例して) 対象者が選ばれるという，まるで層化抽出をやったかのような効果がある．そのため，系統抽出法は，実

際の標本抽出において広く用いられている.

　また，系統抽出法を使えば，実務上，確率比例抽出も行うことができる. 名簿を作成する際に確率に比例して対象の名前を複数回並べておき，そのうえで系統抽出すればよい.

5.4　継続標本とローテーションサンプリング

　社会調査では，継続的に同じような調査を繰り返し実施して，数字が上がった/下がったということを調べることがある.「小売業のわが国全体での売上が前月より○％増加した」や「内閣支持率が前月より○％増えた」というものである. 基本的には各回の調査結果の数字を比較して増減を計算すればよいのだが，各回の調査結果には標本誤差が含まれている. たとえば，売上高を調査するのに前年は規模の小さな店に標本が偏っていて今年は逆に規模の大きな店に標本が偏っていたとすると，本当は売上高が増えていなくても調査結果としては大きく増加したようにみえてしまう (標本の偏りを防ぐために，企業調査では通常，規模による層化抽出を行うが，それでもある程度の偏りは生じてしまう). 詳しくは 6.3 節で説明するが，増減に関する誤差は元々のデータの誤差の $\sqrt{2} = 1.4$ 倍に大きくなってしまう.

　そのようなことを避けて増減を精度よく調べるための工夫が**継続標本**である. これは，毎回標本を入れ替えていると，上記の例のように小さいほうに偏る回や大きいほうに偏る回が出てくるので，標本の入れ替えを止めて，毎回同じ対象を調査するものである. もちろん同じ対象を継続して調査しても誤差を完全になくすことはできないが，去年の売上が高い企業は今年も高い傾向があると考えられるので，毎回新しく標本抽出を行う場合よりも，増減に関する誤差は小さくできる.

　一方で，継続標本については，以下のようなデメリットがある.

- 同じ対象に継続して調査していても，対象者の引っ越しや対象企業の廃業などにより標本から脱落していく対象が出てくる. たとえば企業調査の場合，脱落していくのは新興企業が多く，安定した大企業は継続するものが多いことが指摘されている. 他方，新しく起業した会社などが標

本に入ってこないので，継続標本だけでは母集団をうまく反映できない
おそれがある．これを継続標本バイアスという．

● 調査に協力することは対象にとっても負担なので，数年ないし数十年に
わたって調査協力をお願いすることは実務的に難しい．

そのため，実務上は，継続標本の手法をとりつつも，対象を少しずつ入れ替
えていく**ローテーションサンプリング**という方法が用いられることがある．た
とえば総務省統計局の家計調査ではローテーションサンプリング方式を採用し
ており，1つの世帯は6カ月継続して調査されるが毎月1/6の世帯を入れ替え，
残りの5/6の世帯が前月から継続して調査されるという構造になっている．図
5.2のように，ある年の1月に調査が開始された世帯は6月まで毎月調査され，
6月に調査終了で標本から外れるが，代わりに7月から調査される世帯が入っ
てくるので，全体としては毎月約8千世帯 (2人以上の世帯) が調査対象となっ
ている．

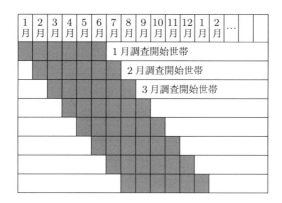

図5.2　総務省統計局「家計調査」のローテーションサンプリング

経済統計では増減は特に重視されるため，アメリカ・センサス局の労働力調査
などでは，ローテーションサンプリング方式をとるだけでなく，そこでの継続
標本の結果と新規標本との結果を組み合わせた複合推定量を作成している．そ
れらについては6.3節で簡単に紹介する．

5.5 母集団推定と標本誤差

ここでは，「標本調査の結果」とか「結果の標本誤差」の定量的な側面について，最小限の数式を用いて解説する．さらに詳しい数学的な説明は第 6 章でまとめて行うこととする．

標本調査から得られる結果はさまざまなものがあるが，標本調査の目的が「全体 (= 母集団) の傾向を明らかにする」ことである以上，調査結果から母集団に関する何らかの推定を行うことになる．たとえば，標本調査で店舗の売上高を調べた場合，最も知りたいのはおそらく「各店舗の売上高の平均値」だろう．「いや，売上高の総額が知りたいのだ」とか「売上高の増減が知りたい」ということがあるかもしれないが，平均値がわかれば，総額はそれに店舗数を掛け算すればよいし，増減は前回結果との引き算で算出できる．また，「A 社のコーヒーを買った人の割合」や「政党支持率」といった比率についても，「買った」(あるいは「支持する」) を数字の 1，「買わなかった」(あるいは「支持しない」) を数字の 0 で置き換えて計算すると，平均値 = 比率 になる．基本は平均値なのである[2]．

かくして，当面の目標は「標本調査の結果から，母集団における平均値を推定すること」になった．ここで知っておかなければならない統計学の定理が以下のものである．

> **定理**
> 標本サイズが n の標本調査を単純無作為復元抽出で行ったとき，
> 〔1〕n が大きくなれば，標本の平均値は母集団の平均値に近づく．これを**大数の法則**という．
> 〔2〕さらに詳しくいうと，n が大きくなれば，標本の平均値の分布は，平均 μ，分散 $\dfrac{\sigma^2}{n}$ の正規分布で近似できる．ここで，μ は母集団の平均値，σ^2 は母集団の分散である．これを**中心極限定理**という．

分散とは，値がどれぐらいの範囲に散らばっているかを表す尺度で，分散が大きいと値のばらつきも大きい．正規分布は図 5.4 のグラフで表されるような

---

[2] それ以外に，母集団における最大値，最小値を知りたいということがあるかもしれない．それらは極値統計とよばれいまでも研究が進められている分野であるが，本書の範囲を超える．

釣鐘型の分布のことである.

上の定理の〔2〕をみると, n が大きくなれば分散 $\dfrac{\sigma^2}{n}$ は 0 に近づくので, 標本の平均値は μ に近づくことになる. つまり, 定理の〔1〕は〔2〕から導かれることになる.

また, 定理の〔2〕は, 母集団の分布が正規分布でなくても, 一般の分布であっても成り立つ[3].

図 5.3 は 3 種類の異なる分布 (正規分布, ベータ分布, 二項分布)[4] を, 平均と分散がともに 1 となるように変換したうえで (上段のグラフ), そこからサイズ 50 の標本抽出を行って平均値を求める, ということを 1000 回行ってヒストグラムを描いたもの (下段のグラフ) である. 元々の分布が全然違う形をしていても平均値は似たような分布 (正規分布) に近づいていることがみてとれる. 標本の平均値がいくつになるかはどういう標本が選ばれるかで変わるものであり, 選ばれた標本がたまたま数値の小さいほうに偏っていれば平均値は小さくなる一方で標本が大きいほうに偏っていれば平均値は高めに出る. しかし, そのばらつき具合は正規分布で近似できるということなので, 正規分布は実に偉大で

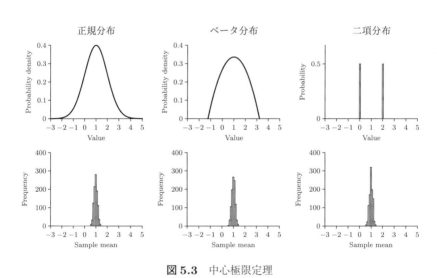

図 5.3 中心極限定理

---

[3] 厳密には, 母集団の分布の分散が有限であることが必要だが, 社会調査では常に成立していると考えてよい.

[4] なお, ベータ分布のパラメータは $\alpha = \beta = 2$, 二項分布は $n = 1, p = 0.5$ である.

ある.

　母集団における分布の様子を表す数字をひっくるめて**母数**という. たとえば母集団の平均値のことを**母平均**, 母集団の分散のことを**母分散**という[5]. 同様に, 標本における平均および分散を, それぞれ**標本平均**, **標本分散**という.

　これらの用語を使うと, 上記の定理は,

〔1〕標本サイズ n が大きくなれば, 標本平均は母平均に近づく.

〔2〕　　　　　　　〃　　　　　　, 標本平均の分布は, 平均 μ, 分散 $\dfrac{\sigma^2}{n}$ の正規分布で近似できる. ここで μ は母平均, σ^2 は母分散.

といい表すことができる.

　「標本サイズ n がどのくらい大きくなれば, 正規分布とみなしてよいのか」については, n が 100 以上あれば実務上は十分である. また, 定理では単純無作為復元抽出という前提をおいており, 本章で紹介した層化抽出や多段抽出は必ずしも当てはまらないが, これもよほど偏った抽出でない限り実務上は標本平均が正規分布するとみなして大丈夫である. 通常の社会調査ではこれら条件は満たされていると考えてよいだろう[6].

　標本調査の結果から母数を推定することを母集団推定という. 上の定理から, 平均値に関する母集団推定については, 標本平均を使えばよいことがわかる. さらに, 定理の〔2〕から, その推定の誤差がどの程度であるかもわかる. 推定値の分布の標準偏差 (= 分散の平方根) は, 推定の誤差 (| 推定値 − 真の値 |) の大きさの目安であり, これを**標準誤差**というが, 定理の〔2〕から, これが $\dfrac{\sigma}{\sqrt{n}}$ であることがわかる. 母分散 σ^2 も通常は未知の数なのだが, これも標本分散を用いて推定する (厳密には標本分散そのもの (n で割るもの) ではなく不偏分散 ($n-1$ で割るもの) を用いるのだが, 詳しくは次章でふれる). なお, 比率を調査している場合は, 母比率が p であれば母分散は $p(1-p)$ となるので, 母分散の推定値としてこれを用いることもできる.

　ここで標準誤差について 2 点注意しておこう.

---

[5] たまに, 母集団サイズのことを母数とよんでいる新聞記事などがあるが, そういう用語の使い方は正しくない.

[6] 興味のある読者は, たとえばコクラン (鈴木達三他訳)『サンプリングの理論と方法 1』(東京図書, 1972) p.43-49 のシミュレーション分析を参照されたい.

① 標本サイズ n を2倍にしても標準誤差 $\dfrac{\sigma}{\sqrt{n}}$ は半分にはならない．$\dfrac{1}{\sqrt{2}}$ = 0.71 倍になるだけである．標準誤差を半分にするためには標本サイズは4倍，標準誤差を10分の1にするためには標本サイズは $10^2 = 100$ 倍にしなくてはならない．

② 標準誤差は標本サイズ n にはよるが，母集団サイズ N にはよらない．つまり，3.4節ですでにふれていたことだが，標本調査の精度は基本的には標本サイズで決まり，標本抽出率 $\dfrac{n}{N}$ には (ほとんど) 関係しない[7]．

平均値の検定，推定

ここまでくると，母集団の平均値 (母平均) に関する統計的な検定や推定ができることになる．統計的検定や推定は，日常ではあまり使わない用語などが出てきてややこしいため，詳しい議論は第6章に譲って，ここでは概要だけを紹介する．

> **例題 5.1**　全国模試で数学の問題を平均点が60点程度になるように作成した．答案のなかから無作為に100枚を抜き出して採点したところ，平均点が57点，標準偏差が15点だった．この結果から，「全体の平均点は60点ではなかった」といえるか．
>
> **解答**　このような問題は「統計的検定」とよばれるが，その核心になるのは背理法と同様の考え方である．すなわち「主張したい結論をいったん否定してみてそこから矛盾を導く」という方法である．「統計的」検定の場合は矛盾とまではいかないが「こんなことが起こる確率は○％以下で，めったにないこと」という議論の進め方である．
>
> この問題では，仮に全体の平均点が60点だと仮定する．すると，標本平均は平均60，標準偏差が $\dfrac{\sigma}{\sqrt{100}}$ の正規分布に (近似的に) 従うことになる．母集団の標準偏差 σ の正確な値がわからないが，標本の標準偏差

---

[7] なお，この②の性質は，母集団サイズ N が標本サイズ n に比べて十分大きい場合 (たとえば N が n の100倍とか1000倍とかの場合．数学の記号では $N \gg n$ で表す) に成り立つ性質であり，N が n の2倍や3倍程度しかないときは標本抽出率もちょっと効いてくる．詳しくは次節のコラムを参照されたい．

の 15 で代用することにして見積もると, $\dfrac{\sigma}{\sqrt{100}} = \dfrac{15}{10} = 1.5$ となる.

いまの仮定 (と近似) により, 標本平均が平均 60, 標準偏差 1.5 の正規分布に従うなか, 57 という実現値を得たことになる. これがどれくらい珍しいものかを考えてみる. 実現値 57 と分布の平均値 60 との差は $60 - 57 = 3$ で, これは分布の標準偏差 1.5 の 2 倍である. 図 5.4 は正規分布の「確率密度関数」というもののグラフであり, このグラフの下の面積が確率を表している. ここで「めったにないこと」の判断基準として,「起こる確率が 5 % 以下」という基準をとることにしよう. すると, 正規分布で「起こる確率が 5 % 以下」というのは「平均値から標準偏差の 1.96 倍以上離れている」部分になる (上側に 1.96 × (標準偏差) 以上離れる確率が 2.5 %, 下側に 1.96 × (標準偏差) 以上離れる確率も 2.5 % で, 両方合わせて 5 %). 標準偏差の 2 倍離れているというのは, ここでいう「めったにないこと」になる.

したがって, いまの仮定のもとで, 標本平均が 57 点となることはめったに起きないことといえる. そこでどこかに間違いがあるのではないと考えると, 最初の「全体の平均点が 60 点」だという仮定が間違いであったと判断するのが妥当と考えられる. したがって,「60 点ではなかったといえそうである」というのが答えである.

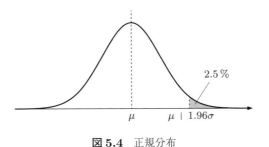

図 5.4 正規分布

上の議論で「めったにないこととは, 起こる確率が 5 % 以下であることとする」という部分は判断が分かれるところであろう. どこを境目にするかを**有意**

水準というが，社会調査では有意水準を5％とするのが一般的である[8]．

なお，上の問題で，有意水準として1％を採用した場合は，起こる確率が1％以下となるのは正規分布では平均値から $2.58 \times$ (標準偏差) 以上離れている部分となるので，「標準偏差の2倍離れているというのは，たまには起きうるかもしれない」→「最初の仮定もあながち間違いではなかろう」→「全体の平均点が60点ではなかったとは言い切れない」ということになる．注意しなくてはならないのは，このことは決して「全体の平均点が60点であった」と積極的に支持するものではないということである．「平均点が60点になるように問題を作った」という私に対して「いいや，100枚の標本調査では平均点が57点なのだから，全体の平均も60点ではないでしょう」と言いがかりをつけられた．そこで統計的検定を行ったところ，標準偏差の2倍離れているというのは有意水準1％に対応する「標準偏差の2.58倍以上離れている」には該当せず，たまには起こりうることと思われた．そのため，私は証拠不十分ということになっただけであって，積極的に無罪が認定されたわけではない．有意水準1％を採用するということは，有意水準が5％のときと比較して，より慎重な判断を行うことであって，より強力な証拠を必要とすることなのである．

例題 5.2 世論調査を1600人を対象に実施したところ，内閣支持率が60％となった．この結果には標本誤差が含まれていると考えられる．では，内閣支持率の真の値はどの程度だと考えればよいか．

解答 真の内閣支持率を p とすると，標本平均は，平均 p，標準偏差 $\dfrac{\sigma}{\sqrt{n}}$ の正規分布に (近似的に) 従う．ここで σ は母標準偏差，n は標本サイズである．

すでに述べたように，比率の分布に関しては $\sigma^2 = p(1-p)$ という関係がある (二項分布の性質)．p は現時点ではわからないのだが，そういっていても議論が進まないので，p を標本での比率である60％で代用

---

[8] 5％とすることに厳密な理論的根拠はなく，「昔からそうなっていて定着している」「世のなかで一般的に5％としている」ということでしかないが，我々が社会のなかで生きている以上は「世のなかで一般的に受け入れられている」というのはそれなりに重要なことである．

して標本平均が従う正規分布の標準偏差を見積もると (この操作の妥当性は後で説明する),

$$\frac{\sigma}{\sqrt{n}} = \frac{\sqrt{p(1-p)}}{\sqrt{n}} \sim \frac{\sqrt{0.6(1-0.6)}}{\sqrt{1600}} = \frac{0.489\cdots}{40} = 0.0122\cdots$$

標本平均は, 平均 p, 標準偏差 0.012 の正規分布に従うことになる.

正規分布で全体の 95％ が含まれる範囲は (平均)±1.96×(標準偏差) であり, この問題の場合は 1.96×(標準偏差) = 1.96×0.0122 = 0.0240···.「$p - 2.4\,\% \leq$ (標本平均) $\leq p + 2.4\,\%$」となる確率が 95％ ということになる.

この式を変形すると「『(標本平均) $- 2.4\,\% \leq p \leq$ (標本平均) $+ 2.4\,\%$』となる確率が 95％」となり, この区間のことを「信頼度 95％の**信頼区間**」という. これは, 有意水準 5％で棄却されない p の範囲と一致する.

標本平均は 60％ だったので,「信頼度 95％の信頼区間は 57.6％～62.4％」となる.

上記の議論で,「p の真の値がわからないので推定をしているにもかかわらず, σ を計算するところで『p を標本平均の 0.6 で代用する』というのは論理矛盾ではないか」という批判があるかもしれない. 論理的にはその指摘は正しい. しかし一方で, そこまで厳密にやっても, 結論はそれほど大きく変わるものではない. 仮に信頼区間の下限の 57.6％を使って σ を計算してみると,

$$\frac{\sqrt{0.576(1-0.576)}}{40} \times 1.96 = 0.0242\cdots$$ で, 小数点以下 4 桁目で差が出るだけ

である. 信頼区間全体の幅からみると小さいと考えるのが妥当であろう. また, p を未知数のまま上の式を解こうとすると, p に関する 2 次不等式になってしまい, 計算が複雑になって, 掛けた労力ほどは現実的メリットがない. ある意味, そこは割り切って, 標本平均を使って標準偏差を計算している. また, $p(1-p)$ という 2 次関数は $p = 0.5$ のとき最大値をとるので, 安全のため信頼区間の幅を広めにとりたければ $p = 0.5$ として信頼区間の幅を計算するのも 1 つの方法である.

5.6 標本サイズの決め方

社会調査を実施するとき,「標本サイズをいくらにするか」は切実な問題である.調査に要する費用のほとんどは調査票の配布・回収の費用であり,それはほぼ標本サイズに比例する.純粋に費用面だけ考えると標本サイズが小さいほうが助かるのはいうまでもない.一方で,標本誤差の大きさを決めるのは基本的には標本サイズであり,標本サイズを半分にすると誤差は $\sqrt{2} = 1.4$ 倍になってしまう.費用と精度の二律背反のなかで標本サイズを決めなくてはならないのである.

このときに重要になるのが,「標本サイズが○○であれば精度は△△だ」や,逆に「△△の精度とするためには標本サイズは○○必要だ」という情報である.精度については,5.5 節の信頼区間を使って表現するのが一般的である.先ほどの例では信頼度 95 ％の信頼区間が 60 ％ ± 2.4 ％であったが,これを「信頼度 95 ％の誤差は 2.4 ％」と言い表すのである.そして,5.5 節の例では,標本サイズが 1600 のときの信頼度 95 ％の誤差を求めたのだが,今度は逆に,「信頼度 95 ％の誤差を 2.4 ％にするには標本サイズはいくら必要か」を逆算して求めることになる.信頼度 95 ％は正規分布では標準偏差の 1.96 倍にあたるので,これは,

$$1.96 \times \frac{\sigma}{\sqrt{n}} = (\text{信頼度 95 ％の誤差})$$

という式を n について解けばよいことになる (信頼度 99 ％の誤差について計算するのであれば,1.96 のところを 2.58 にして計算する).

ここで問題になるのは,通常,σ も未知数だということである.σ がわからなければ n を求めようがない.これはどうしようもないことだが,とりあえずの解決方法としては以下のようなものが考えられる.

- 同じような調査を定期的に繰り返しやっている場合は,たとえば前年の調査結果から σ を借りてくる.

- はじめてやる調査であれば,国がやった同様の調査,隣の市がやった同様の調査,他の研究者がやった同様の調査から σ を借りてくる.

- それもみつからなかった場合,小規模でテスト調査をやってみて,σ がどの程度になるか調べる.

● 比率の調査であれば p がわかれば σ が計算できるので，上記と同様に似た調査から p がどの程度か想定する．どうしてもわからなかったら，安全を見込んで，$p = 0.5$ として計算する (この場合，σ が大きめに，したがって必要な n も大きめに計算されることになる)．

例題 5.3 公園の建設への賛否をアンケート調査で調べることとした．信頼度 95 ％で誤差を 2 ％以下にするためには，標本サイズはどの程度が必要か．

解答 信頼度 95 ％というのは，正規分布で標準偏差の 1.96 倍に相当するので，

$$1.96 \times \frac{\sigma}{\sqrt{n}} \leq 0.02$$

を n について解けばよい．

σ がわからないので，安全策をとって $p = 0.5$ のときの σ を採用すると，$\sigma = \sqrt{0.5(1 - 0.5)} = 0.5$ なので，上式は，

$$1.96 \times \frac{0.5}{\sqrt{n}} \leq 0.02$$

となり，これを n について解くと，

$$n \geq \left(\frac{1.96 \times 0.5}{0.02} \right)^2 = 49^2 = 2401$$

よって，標本サイズは 2401 以上は必要である．

アンケート調査をやるときは，「だいたい数千の標本サイズが必要」といわれることが多いが，上の問題のとおり，それで誤差は ±2 ％程度になる．世のなかで語られるアンケート調査の結果は，この程度の標本誤差はもっているものだと思っていたほうがよい．仮にこの誤差を半分 (= 1 ％) にしたければ，標本サイズとしては 4 倍，すなわち約 1 万の標本サイズが必要となる．

調査を実施するときは，調査対象から 100 ％回答が返ってくることはまずなく，調査票を送っても転居で返送されてきたり，回答を拒否されたりする．標本設計時には，そのような回収不能の分を見越して，あらかじめ多めに (たとえば予想回収率が 80 ％であればその逆数の 1.25 倍) 調査対象を抽出しておく必要がある．

世界がもし 100 人の村だったら   # Column

　上の問題で「信頼度 95 ％で誤差を 2 ％以下にするためには，2401 人に調査することが必要」となったが，「世界がもし 100 人の村だったら 2401 人も調べられない」「100 人全員調べれば十分ではないか」と思うだろう.

　その考えは実は正しい. 上で使った「標準偏差 $= \dfrac{\sigma}{\sqrt{n}}$」という式は，母集団サイズ N が標本サイズ n に比べて十分に大きい場合の近似式であり，正しくは，

$$\sqrt{\frac{N-n}{N-1} \cdot \frac{1}{n}} \times \sigma$$

なのである (6.2 節参照). N が n に比べて十分に大きければ $\dfrac{N-n}{N-1}$ はほとんど 1 とみなせるので，$\dfrac{\sigma}{\sqrt{n}}$ という近似式になる.

　上の問題と同じく $p = 0.5$ (したがって $\sigma = 0.5$) として，N のさまざまな値に対して，

$$1.96 \times \sqrt{\frac{N-n}{N-1} \cdot \frac{1}{n}} \times \sigma \leq 0.02$$

を満たすような n を求めると，以下のようになる (表計算ソフトのソルバー機能で簡単に計算できる).

N	n
50	49
100	97
1,000	707
10,000	1,937
100,000	2,345
1,000,000	2,396
10,000,000	2,401

　したがって，100 人の村なら 97 人調べればよい. $N = 1$ 万くらいだと n が 2041 とはかなりずれているが，10 万を超えるくらいでは差が小さくなっていることがみてとれる. 抽出率が数十パーセント (母集団サイズ N が標本サイズ n の数倍程度) のときは，きちんとした式を使って必要な標本サイズを計算すべきである.

章 末 問 題

5-1　以下の各々の記述は正しいか答えよ．また誤りの場合はどこが誤っているか，指摘せよ．

① ある市の住民全体を母集団として調査を行う場合に，通行人にくじをひいてもらって当たりくじが出た人にだけ質問に答えてもらうのは単純無作為抽出である．

② 層化抽出法では，各層ができるだけ母集団と同様のばらつきをもつようにすると精度がよくなる．

③ 2 段抽出法は単純無作為抽出法よりも実施の費用がかさむが精度はよくなる．

④ クラスタ抽出 (集落抽出) 法は単純無作為抽出法よりも精度は悪くなるが実施のコストが下がるなどのメリットがある．

5-2　本文でも紹介した家計調査，労働力調査および国民生活基礎調査について，実際にどのような標本抽出を行っているか，ウェブサイトから調べよ．

5-3　e-Stat に収録されている統計のなかから標本調査を選び，どのような標本抽出法をとっているか調べよ．さらに，なぜその方法をとっているかを考察せよ．

5-4　テレビの視聴率調査で 900 世帯からデータを得たところ，ある番組を視聴した世帯が 15 ％であった．この場合の信頼度 95 ％の信頼区間を求めよ．信頼度 99 ％の信頼区間はどうか．

5-5　ある市において，世帯の平均食費支出額を調査することとなった．過去の経験から標準偏差がおおむね 5 万円であることと，回収率が約 80 ％であるとわかっている．このとき，信頼度 95 ％で誤差が 5 千円を超えないようにするためには，何世帯を調査対象とすべきか．

第 **6** 章

標本調査の数学

　第 5 章では，できるだけ数式を使わずに標本調査におけるさまざまな標本抽出の方法とそのメリット・デメリット，母集団の平均の推定方法や必要な標本サイズの計算方法を紹介した．

　実際に標本調査を実施する場合には第 5 章の内容を理解していれば十分であると思うが，調査報告書をまとめる際には本来はきちんと標本誤差を計算して報告書に載せるべきであるし，層化抽出や多段抽出の場合の誤差計算は単純無作為抽出のそれと比べていささか複雑である．数学的な基礎も含めて知りたい読者のことも考えて，標本調査の数学的な側面について本章でまとめて扱うことにする．

6.1　確率分布の基礎

　確率分布の基礎的なことは，高校数学の数学 B で扱われている．この部分に多くのページを割くわけにはいかないので，以下の記述は速習コースとして定義と定理の羅列に近い．読者は必要に応じて数学 B の教科書も参照してほしい．

　さいころを投げたときに出る目のように，どの値をとるかが確率によって定まっているような変数のことを確率変数という．確率変数 X がある値 x_i をとる確率を記号 $P(X = x_i)$ で表す[1]．

　さいころの目の例では，確率変数 X のとりうる値は 1, 2, 3, 4, 5, 6 の 6 通り

---

[1] 確率変数は英大文字，その実現値は英小文字で表すのが一般的である．

であり，それぞれの確率は，

$$P(X = 1) = \frac{1}{6}, \ P(X = 2) = \frac{1}{6}, \ldots, \ P(X = 6) = \frac{1}{6}$$

である．

確率変数 X のとりうる値を $x_1, x_2, \ldots, x_n$ とし，$P(X = x_1) = p_1, \ldots, P(X = x_n) = p_n$ と表すことにすると，

$$\sum_{i=1}^{n} P(X = x_i) = p_1 + p_2 + \cdots + p_n = 1$$

である．これは，すべての起こりうる事象の確率を足し算すると 全事象の確率 $= 1$ になる，ということである．

確率変数の期待値と分散

確率変数 X の期待値 $E[X]$ とは，X にその確率を掛けて足したもの：

$$E[X] = \sum_{i=1}^{n} x_i \cdot P(X = x_i) = \sum_{i=1}^{n} x_i p_i = x_1 p_1 + x_2 p_2 + \cdots + x_n p_n \quad (6.1)$$

をいう．

たとえば，X がさいころを投げたときに出る目とすれば，

$$E[X] = 1 \times \frac{1}{6} + 2 \times \frac{1}{6} + 3 \times \frac{1}{6} + 4 \times \frac{1}{6} + 5 \times \frac{1}{6} + 6 \times \frac{1}{6} = \frac{7}{2}$$

である．

期待値は平均値とよばれることもある．記号では μ や m で表されることが多い．

定数 a, b に対して，

$$E[aX + b] = aE[X] + b$$

となる．このことは，定義に戻って計算すると，

$$E[aX + b] = \sum_{i=1}^{n} (ax_i + b)p_i = \sum_{i=1}^{n} ax_i p_i + \sum_{i=1}^{n} bp_i$$

$$= a \sum_{n=1}^{n} x_i p_i + b \sum_{i=1}^{n} p_i = aE[X] + b$$

となることからわかる．

確率変数 X の分散とは，X とその期待値 $E[X]$ との差の 2 乗の期待値のことであり，記号 $V[X]$ で表す．X のばらつきを表す指標である．

$$V[X] = E[(X - E[X])^2] = \sum_{i=1}^{n} (x_i - \mu)^2 p_i \tag{6.2}$$

$V[X]$ は 0 以上の値をとり，$V[X] = 0$ となるのは X が常に一定の値をとるときに限る．分散 $V[X]$ の正の平方根のことを X の標準偏差という．標準偏差は記号 σ，その 2 乗である分散は記号 σ^2 で表すことが多い．

定数 a, b に対して，

$$V[aX + b] = a^2 V[X] \tag{6.3}$$

となる．このことも，定義に戻って計算することにより確かめられる．

また，

$$V[X] = E[X^2] - (E[X])^2 \tag{6.4}$$

となる．このことは，次のようにして確かめられる．

$$V[X] = E[(X - E[X])^2] = E[X^2 - 2X \cdot E[X] + (E[X])^2]$$

$$= E[X^2] - 2E[X \cdot E[X]] + E[(E[X])^2]$$

$$= E[X^2] - 2(E[X])^2 + (E[X])^2$$

$$= E[X^2] - (E[X])^2$$

分散を手計算で求めていた頃は，この関係式は計算上有用であった（$E[X]$ が往々にして分数になるので，それによって分数の計算が出てくるのを避けるため）が，現在でもさまざまな定理の証明に使われる大事な関係式である．

同時分布，確率分布の独立，共分散

2 つの確率変数 X, Y があり，X のとりうる値を $x_1, x_2, \ldots, x_n$，Y のとりうる値を $y_1, y_2, \ldots, y_m$ とする．X が値 x_i をとると同時に Y が値 y_j をとる確率を $P(X = x_i, Y = y_j)$ で表し，X と Y の同時分布という．

同時分布を i について総計したものは Y の確率分布になり，j について総計

したものは X の確率分布になる. それぞれを周辺分布という.

$$\sum_{i=1}^{n} P(X = x_i, Y = y_j) = P(Y = y_j), \quad \sum_{j=1}^{m} P(X = x_i, Y = y_j) = P(X = x_i)$$

定数 a, b, c に対して,

$$E[aX + bY + c] = aE[X] + bE[Y] + c \tag{6.5}$$

が成り立つ. これも, 定義に従って計算することにより示される.

2つの確率変数 X と Y が独立であるとは, 同時分布が周辺分布の掛け算に等しいこと, すなわち,

$$P(X = x_i, Y = y_j) = P(X = x_i)P(Y = y_j)$$

がすべての i, j について成り立つことをいう. これは, X がどの値をとるかが Y がどの値をとるかに影響を与えないということと同じである. たとえば後にでてくる復元抽出では i 番目に選ばれる対象の値と j 番目に選ばれる対象の値は $i \neq j$ であれば独立になる.

X と Y が独立であれば, 積の期待値は期待値同士の積に等しくなる.

$$E[XY] = E[X]E[Y] \qquad (X \text{ と } Y \text{ が独立のとき}) \tag{6.6}$$

これは, 以下のように定義に従って $E[XY]$ を計算し上の関係を用いることにより示される.

$$E[XY] = \sum_{i,j} x_i y_j P(X = x_i, Y = y_j)$$

$$= \sum_{i,j} x_i y_j P(X = x_i) P(Y = y_j)$$

$$= \left\{ \sum_i x_i P(X = x_i) \right\} \left\{ \sum_j y_j P(Y = y_j) \right\} = E[X]E[Y]$$

なお, X と Y が独立でないときはこの式は必ずしも成立しない. これについては後でふれよう.

同様に, X と Y が独立であれば, 和 $X + Y$ の分散は分散の和になる.

$$V[X + Y] = V[X] + V[Y] \qquad (X \text{ と } Y \text{ が独立のとき}) \tag{6.7}$$

これは次のようにして示される.

$$V[X+Y] = E[(X+Y)^2] - (E[X+Y])^2$$

$$= E[X^2 + 2XY + Y^2] - (E[X] + E[Y])^2$$

$$= E[X^2] + 2E[XY] + E[Y^2]$$

$$- (E[X])^2 - 2E[X]E[Y] - (E[Y])^2$$

$$= \{E[X^2] - (E[X])^2\} + \{E[Y^2] - (E[Y])^2\}$$

$$+ 2\{E[XY] - E[X]E[Y]\}$$

$$= V[X] + V[Y] + 2\{E[XY] - E[X]E[Y]\} \tag{6.8}$$

ここで, 先ほど示したように X と Y が独立であれば $E[XY] = E[X]E[Y]$ なので最後の項はゼロとなり, 求めるものが得られた.

この式も, X と Y が独立でなければ必ずしも成り立たない.

2 つの確率変数 X と Y の共分散を以下のように定義し, 記号 $\mathrm{Cov}[X,Y]$ で表す.

$$\mathrm{Cov}[X,Y] = E[(X - E[X])(Y - E[Y])]$$

定義からわかるとおり, $\mathrm{Cov}[X,X] = V[X]$ である.

$V[X] = E[X^2] - (E[X])^2$ を示した計算と同様にして,

$$\mathrm{Cov}[X,Y] = E[(X - E[X])(Y - E[Y])]$$

$$= E[XY - E[X]Y - XE[Y] + E[X]E[Y]]$$

$$= E[XY] - E[X]E[Y] - E[X]E[Y] + E[X]E[Y]$$

$$= E[XY] - E[X]E[Y]$$

となる. これと, (6.6) 式と (6.8) 式から, 以下が成り立つ.

$$X \text{ と } Y \text{ が独立であれば}, \mathrm{Cov}[X,Y] = 0 \tag{6.9}$$

$$E[XY] = E[X]E[Y] + \mathrm{Cov}[X,Y] \tag{6.10}$$

$$V[X+Y] = V[X] + V[Y] + 2\mathrm{Cov}[X,Y] \tag{6.11}$$

また，$(\mathrm{Cov}[X, Y])^2 \leq V[X]\, V[Y]$ が成り立つ (シュワルツの不等式). このことは次のようにして証明できる.

任意の実数 t に対して，$\{(X - E[X])t + (Y - E[Y])\}^2$ は 0 以上なので，これの期待値 $E[\{(X - E[X])t + (Y - E[Y])\}^2]$ も常に 0 以上である. これを展開して，

$$E[\{(X - E[X])t + (Y - E[Y])\}^2]$$

$$= E[(X - E[X])^2 t^2 + 2(X - E[X])(Y - E[Y])t + (Y - E[Y])^2]$$

$$= E[(X - E[X])^2]\, t^2 + 2E[(X - E[X])(Y - E[Y])]\, t + E[(Y - E[Y])^2]$$

$$= V[X]\, t^2 + 2\mathrm{Cov}[X, Y]t + V[Y]$$

これを t に関する 2 次関数とみると，これが常に 0 以上ということは判別式 ≤ 0 である. すなわち，

$$(\mathrm{Cov}[X, Y])^2 - V[X]\, V[Y] \leq 0$$

X と Y の相関係数 $\rho[X, Y]$ を次の式で定義する.

$$\rho[X, Y] = \frac{\mathrm{Cov}[X, Y]}{\sqrt{V[X]\, V[Y]}} \tag{6.12}$$

シュワルツの不等式から，$-1 \leq \rho[X, Y] \leq 1$ である. そして，

- X が増加するときに Y も増加する傾向があるときは ρ は正になり，
- 逆に X が増加するときに Y が減少する傾向があるときは ρ は負になる.

6.2　母平均の推定

いよいよ，前章で紹介したさまざまな標本抽出法において，どのように母集団の平均 (母平均) を推定し，その推定誤差をどう評価するかを説明する. この節の結論は p.95 の表 6.1 にまとめられる. これらの推定式の導出を詳しく解説する.

6.2.1 単純無作為抽出 (復元抽出)

単純無作為抽出にも 2 種類あり，いったん抽出した個体を母集団に戻して再度抽出する (したがって同じ個体が複数回選ばれる可能性がある) ものを**復元抽出**，いったん抽出した個体は母集団に戻さずに対象を抽出する (したがって同じ個体が複数回選ばれることはない) ものを**非復元抽出**という．クジをひくときに，いったん引いたクジを戻すのが復元抽出，いったん引いたものは戻さないのが非復元抽出である．

現実の社会調査では同じ人がダブって対象に選ばれることはないから非復元抽出である．しかし，非復元抽出では i 番目に選ばれた個体の値 X_i と j 番目に選ばれた個体の値 X_j は確率変数として独立ではない ($i \neq j$ ならば i 番目に選ばれた対象は j 番目には絶対に選ばれない) ので，分散の計算などがとても面倒になる．一方，復元抽出であれば X_i と X_j は独立なので計算が簡単になる．実際問題として母集団サイズ N が十分に大きければ復元抽出であっても同じ個体が複数回選ばれることはめったにないと考えられるので復元抽出と非復元抽出で結果にほとんど差はない．したがって，ここではまず復元抽出を仮定して議論を進める．

サイズ N の母集団からサイズ n の標本を単純無作為復元抽出で抽出する．i 番目に選ばれた個体の値は確率変数とみなせるのでそれを X_i で表し，実際に標本抽出した結果の X_i の実現値を x_i とする．

調査の目的は母平均 μ を推定することである．実際に得られたデータ $x_1, x_2, \ldots, x_n$ から μ をどうやって推定するかを考えよう．実は μ の推定方法はいろいろあるのだが，大数の法則から考えると，

$$\text{標本平均 } \overline{x} = \frac{x_1 + x_2 + \cdots + x_n}{n} \tag{6.13}$$

を使うのがよさそうである (変数の上にバーをつけて平均を表すのが慣例である)．

この標本平均の期待値を計算すると，

$$E[\overline{X}] = E\left[\frac{X_1 + X_2 + \cdots + X_n}{n}\right]$$
$$= \frac{1}{n}\{E[X_1] + E[X_2] + \cdots + E[X_n]\}$$

$$= \frac{1}{n}\{\mu + \mu + \cdots + \mu\}$$

$$= \frac{n\mu}{n} = \mu \tag{6.14}$$

となる．この「期待値をとると母平均に一致する」という性質は**不偏性**とよばれる．

次に，分散は，

$$V[\overline{X}] = V\left[\frac{X_1 + X_2 + \cdots + X_n}{n}\right]$$

$$= \frac{1}{n^2}\{V[X_1] + V[X_2] + \cdots + V[X_n]\}$$

$$= \frac{1}{n^2}\{\sigma^2 + \sigma^2 + \cdots + \sigma^2\}$$

$$= \frac{n\sigma^2}{n^2} = \frac{\sigma^2}{n} \tag{6.15}$$

である．ここで，σ^2 は母集団の分散 (母分散) である．2番目の = の変形のところで，「$i \neq j$ ならば X_i と X_j は独立」であることを使った．

n が十分大きくなると分散は 0 に収束する (いくらでも近づく) から，標本平均は母平均に収束することがわかる．この「標本サイズ $n \to \infty$ のときに母平均に収束する」という性質を**一致性**という．

さきほど，「μ の推定方法はいろいろある」と書いたが，たとえば，n 個のデータのうちの最初の 1 個だけを使った x_1 というのも μ の推定量としてはありうる．$E[X_1] = \mu$ なのでこれは不偏推定量になるが，$V[X_1] = \sigma^2$ であってこれは $n \to \infty$ になっても 0 に収束するわけではないので x_1 は一致推定量ではない．やはり n 個のデータを集めているのだからそのうち 1 個しか使わないのは推定値としての精度が落ちる[2]．

最後に，母分散 σ^2 の推定方法を述べておこう．第 5 章でも出てきたように母

---

[2] 推定量としては精度の高い＝分散の小さいもののほうがよいのだが，クラメール・ラオの不等式により，母集団の分布の確率密度関数を使って不偏推定量の分散がこれ以上小さくできないという下限が計算できる．クラメール・ラオの不等式は本書の程度を超えるので詳細な説明は省くが，たとえば母集団が正規分布をしている場合に実際に計算すると，標本平均が不偏推定量のうち最も分散が小さいことが証明できる．標本平均は不偏性，一致性があり，さらに母集団が正規分布などの場合は不偏推定量のうちで分散が最小となるという，母平均の推定量としてはとても性質のよいものなのである．

平均の推定値の誤差評価には母分散 σ^2 が必要になるが，母平均がわからないのだから母分散も通常は未知である．母平均の推定に標本平均を使ったことから類推すると，母分散の推定には標本分散を使おうと考えるのが普通だが，実は，以下で示すように，標本分散そのものでは少し偏りが生じる．そのため，標本分散を若干修正した不偏分散というものを用いる．

　話の流れとして，まず，(実際にはあまりないが) 母平均 μ の値がきちんとわかっている場合の分散を計算してみよう．これは

$$\frac{1}{n}\sum_{i=1}^{n}(x_i - \mu)^2$$

として計算できるが，この期待値をとると，

$$E\left[\frac{1}{n}\sum_{i=1}^{n}(X_i - \mu)^2\right] = \frac{1}{n}\sum_{i=1}^{n}E[(X_i - \mu)^2] = \frac{1}{n}\sum_{i=1}^{n}\sigma^2 = \frac{1}{n}n\sigma^2 = \sigma^2$$

となって，めでたく母分散の不偏推定量となる．

　ただ，実際は残念なことに，μ の真の値はわからないことが多い．そのため，μ ではなく標本平均を使って分散を推定することになる．つまり，

$$\frac{1}{n}\sum_{i=1}^{n}(x_i - \overline{x})^2$$

を計算することになる．この期待値を計算すると，

$$E\left[\frac{1}{n}\sum_{i=1}^{n}(X_i - \overline{X})^2\right] = \frac{1}{n}E\left[\sum_{i=1}^{n}(X_i^2 - 2X_i\overline{X} + \overline{X}^2)\right]$$

$$= \frac{1}{n}E\left[\sum_{i=1}^{n}X_i^2 - 2\overline{X}\sum_{i=1}^{n}X_i + n\overline{X}^2\right]$$

$$= \frac{1}{n}E\left[\sum_{i=1}^{n}X_i^2 - 2\overline{X}\cdot n\overline{X} + n\overline{X}^2\right]$$

$$= \frac{1}{n}\left\{\sum_{i=1}^{n}E[X_i]^2 - nE\left[\overline{X}^2\right]\right\}$$

と変形でき，ここで $E\left[X_i^2\right] = \mu^2 + \sigma^2$ および $E\left[\overline{X}^2\right] = \{E\left[\overline{X}\right]\}^2 + V\left[\overline{X}\right] =$

$\mu^2 + \dfrac{\sigma^2}{n}$ を代入すると,

$$E\left[\frac{1}{n}\sum_{i=1}^{n}(X_i-\overline{X})^2\right] = \frac{1}{n}\{n(\mu^2+\sigma^2)-n\mu^2-\sigma^2\} = \frac{n-1}{n}\sigma^2$$

となり, 母分散 σ^2 より少し小さくなってしまった.

これは, 先ほども計算したように母平均 μ があらかじめわかっていれば (そして, その μ を使って分散を計算すれば) 避けられたことである. 本来は母平均を使いたいところを標本平均で代用したため, 抽出した標本の値が大きいほうに偏っていれば標本平均も大きいほうに偏って, $|x_i -$ 標本平均 $|$ が小さめに出る. そのため, 計算された標本分散が小さめ ($\dfrac{n-1}{n}$ 倍) になる, ということである.

この偏りを補正するためには, 分散を計算する際に, n で割るのではなく $n-1$ で割る, つまり

$$s^2 = \frac{1}{n-1}\sum_{i=1}^{n}(x_i-\overline{x})^2$$

とすれば,

$$E[s^2] = \sigma^2 \tag{6.16}$$

となって, 母分散 σ^2 の不偏推定量になる.

この (n ではなく $n-1$ で割った) 分散 s^2 のことを**標本不偏分散**という. 「不偏推定量だから不偏分散という」だけである.

6.2.2 単純無作為抽出 (非復元抽出)

次に, 現実の標本抽出で用いられる, 非復元抽出の場合の母平均の推定値について考える. 結論から述べると, 非復元抽出のときも, 標本平均 $\overline{x}$ が母平均 μ のよい推定値になる.

「和の期待値は期待値の和に等しい」という性質は確率変数が独立でなくても成り立つから, 期待値は復元抽出のときと同様に計算できて,

$$E\left[\overline{X}\right] = E\left[\frac{X_1+X_2+\cdots+X_n}{n}\right]$$

$$= \frac{1}{n}\{E[X_1]+E[X_2]+\cdots+E[X_n]\}$$

$$= \frac{1}{n}\{\mu + \mu + \cdots + \mu\}$$

$$= \frac{n\mu}{n} = \mu \tag{6.17}$$

となり，標本平均が母平均の不偏推定量であることがわかる．

ただ，分散のほうは，X_i と X_j が独立でないから計算が面倒になる．

$$V[\overline{X}] = V\left[\frac{X_1 + X_2 + \cdots + X_n}{n}\right]$$

$$= \frac{1}{n^2}\left\{V[X_1] + V[X_2] + \cdots + V[X_n] + \sum_{i \neq j}\text{Cov}[X_i, X_j]\right\} \tag{6.18}$$

$\text{Cov}[X_i, X_j]$ を定義に従って計算する．母集団での値を英小文字 $x_1, x_2, \ldots, x_N$ とすると，抽出された標本に含まれる $i \neq j$ なる (X_i, X_j) の組に対して，その実現値としてある (x_k, x_l) が選ばれる確率は $\dfrac{1}{N(N-1)}$ となる (ただし $k \neq l$).
これは，

- $X_i = x_k$ となる確率が，$x_1, x_2, \ldots, x_N$ のなかから特定の x_k を選ぶ確率なので $\dfrac{1}{N}$

- その各々に対して，$X_j = x_l$ となるのが，すでに選ばれた x_k を除く $N-1$ 個から特定の x_l を選ぶ確率なので $\dfrac{1}{N-1}$

- 求める確率は，この 2 つを掛け算して $\dfrac{1}{N(N-1)}$

だからである．これを用いて，

$$\text{Cov}[X_i, X_j] = \frac{1}{N(N-1)}\sum_{k \neq l}(x_k - \mu)(x_l - \mu)$$

さらに，$\displaystyle\sum_{k \neq l}a_k a_l = \left(\sum_k a_k\right)^2 - \sum_k a_k^2$ という式を用いて変形すると

$$\text{Cov}[X_i, X_j] = \frac{1}{N(N-1)}\left\{\left(\sum_{k=1}^{N}(x_k - \mu)\right)^2 - \sum_{k=1}^{N}(x_k - \mu)^2\right\}$$

$$= \frac{1}{N(N-1)}\{0^2 - N\sigma^2\} = \frac{-\sigma^2}{N-1}$$

これを (6.18) 式に代入して，$i \neq j$ なる i と j の組み合わせが全部で $n(n-1)$

通りあることに注意すると,

$$V\left[\overline{X}\right] = \frac{1}{n^2}\left\{n\sigma^2 - n(n-1)\frac{\sigma^2}{N-1}\right\} = \frac{\sigma^2}{n}\left\{1 - \frac{n-1}{N-1}\right\}$$

$$= \frac{N-n}{N-1} \cdot \frac{\sigma^2}{n} \tag{6.19}$$

この $\frac{N-n}{N-1}$ のことを有限母集団修正項とよぶこともある.

この式から以下のことがわかる:

- $n = 1$ のときは,復元抽出の結果と非復元抽出の結果は同じになる.対象を1つしか抽出しない場合は復元抽出も非復元抽出も同じことになるから,これは当然の結果である.

- $2 \le n$ のときは,非復元抽出のほうが復元抽出よりも分散が小さくなる.これは,非復元抽出は同じ個体がダブって抽出されないので母平均の推定が精度高くできるためと解釈できる

- $n = N$ のときは,非復元抽出の場合の分散はゼロになる.これは,$n = N$ だと全数調査になって標本誤差がゼロであることと対応している (逆にいうと,$n = N$ のときに分散がゼロにならなければ,どこかで計算を間違っている).

- N が n に比べて十分大きい場合 ($N \gg n$ で表す),有限母集団修正項 $\to 1$ になり,非復元抽出と復元抽出との違いはほとんど無視できる.これは,$N \gg n$ であればたとえ非復元抽出を行っても実際上は同じ対象が複数回選ばれる確率はとても低くて,実際上は復元抽出とほとんど変わらない,ということと対応している.

最後に,母分散 σ^2 の推定値について述べておこう.

復元抽出のときと同じく,まずは標本分散の期待値を計算すると,

$$E\left[\frac{1}{n}\sum_{i=1}^{n}(X_i - \overline{X})^2\right] = \cdots = \frac{1}{n}\left\{\sum_{i=1}^{n}E\left[X_i\right]^2 - nE\left[\overline{X}^2\right]\right\}$$

までは同じである. ここで $E\left[X_i^2\right] = \mu^2 + \sigma^2$ および $E\left[\overline{X}^2\right] = \{E\left[\overline{X}\right]\}^2 +$

$V\left[\overline{X}\right] = \mu^2 + \dfrac{N-n}{N-1}\dfrac{\sigma^2}{n}$ を代入すると，右辺は

$$\frac{1}{n}\left\{n(\mu^2+\sigma^2)-n\mu^2-\frac{N-n}{N-1}\sigma^2\right\} = \frac{\sigma^2}{n}\cdot\frac{nN-n-N+n}{N-1}$$

$$= \frac{n-1}{n}\cdot\frac{N}{N-1}\sigma^2$$

となり，標本の (n ではなく $n-1$ で割った) 不偏分散が，母集団の (N ではなく $N-1$ で割ったという意味での)「不偏」分散の推定値になるということがわかる．$N=n$ のときは標本が母集団と一致する (全数調査) ので，同じ不偏分散を計算していることになるというのは，もっともな結果である．

前節で定義した標本不偏分散 s^2 を使うと，上の結果は $E[s^2] = \dfrac{N}{N-1}\sigma^2$，すなわち $\sigma^2 = \dfrac{N-1}{N}E[s^2]$ と表される．標本平均の分散 $V\left[\overline{X}\right] = \dfrac{N-n}{N-1}\dfrac{\sigma^2}{n}$ の σ^2 にこれを代入すると

$$V\left[\overline{X}\right] = \frac{N-n}{N}\frac{E[s^2]}{n} \tag{6.20}$$

となるので，$\dfrac{N-n}{N}\dfrac{s^2}{n}$ で標本平均の分散を推定できる．

6.2.3 層化抽出

母集団が図 6.1 のように L 個の層に分けられているとする．層 i のサイズを N_i とし，層 i 中の j 番目の個体の値を x_{ij} で表すことにする．$i = 1, 2, \ldots, L$，$j = 1, 2, \ldots, N_i$ である．

まず，母集団のサイズや平均，分散が各層のサイズ，平均，分散を用いてどのように計算できるかを考えよう．

サイズ N については，$N = N_1 + N_2 + \cdots + N_L$

平均 μ については，$\mu = \dfrac{1}{N}\displaystyle\sum_{i=1}^{L}\sum_{j=1}^{N_i} x_{ij}$ であるが，$\mu_i = \dfrac{1}{N_i}\displaystyle\sum_{j=1}^{N_i} x_{ij}$ なので，

$$\mu = \frac{1}{N}\sum_{i=1}^{L} N_i\mu_i = \sum_{i=1}^{L} \frac{N_i}{N}\mu_i \tag{6.21}$$

となって，「母平均は各層の平均の加重平均になる」ことがわかる．ここでの加

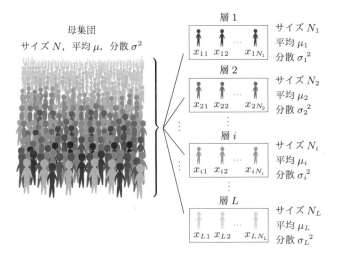

図 6.1　層化抽出

重平均の重みはサイズの比率 $\dfrac{N_i}{N}$ であって，重みをすべての層に関して足し算すると 1 になることに注意しておこう．

　分散については，以下で示すように単純な加重平均にはならない．

$$\sigma^2 = \frac{1}{N} \sum_{i=1}^{L} \sum_{j=1}^{N_i} (x_{ij} - \mu)^2$$

$$= \frac{1}{N} \sum_{i=1}^{L} \sum_{j=1}^{N_i} \{(x_{ij} - \mu_i) + (\mu_i - \mu)\}^2$$

$$= \frac{1}{N} \sum_{i=1}^{L} \sum_{j=1}^{N_i} (x_{ij} - \mu_i)^2 + \frac{2}{N} \sum_{i=1}^{L} \sum_{j=1}^{N_i} (x_{ij} - \mu_i)(\mu_i - \mu)$$

$$+ \frac{1}{N} \sum_{i=1}^{L} \sum_{j=1}^{N_i} (\mu_i - \mu)^2$$

ここで，$\sigma_i^2 = \dfrac{1}{N_i} \sum_{j=1}^{N_i} (x_{ij} - \mu_i)^2$ だったから，第 1 項は $\displaystyle\sum_{i=1}^{L} \dfrac{N_i}{N} \sigma_i^2$ となり，各層の分散の加重平均に等しくなる．

　第 2 項は，$(\mu_i - \mu)$ が j に関係しない項なので j に関する和の前に括り出し

たうえで $\sum_{j=1}^{N_i} x_{ij} = N_i \mu_i$ であることを使うと $\sum_{j=1}^{N_i} (x_{ij} - \mu_i) = 0$ となって，結局，第2項は0になる．

第3項は，$(\mu_i - \mu)^2$ が j に関係しない項なので j に関する和は N_i 倍することと同じになって，結局，$\sum_{i=1}^{L} \dfrac{N_i}{N} (\mu_i - \mu)^2$ となって，「重みを考慮したうえでの μ_i の"分散"みたいなもの」になる．

以上をまとめると，

$$\sigma^2 = \sum_{i=1}^{L} \frac{N_i}{N} \sigma_i^2 + \sum_{i=1}^{L} \frac{N_i}{N} (\mu_i - \mu)^2 \tag{6.22}$$

となって，母分散が各層の分散や平均を使って計算できることがわかった．

この第1項のことを**層内分散**といい，記号 σ_{w}^2 で表す (w は英語 within の頭文字)．層内分散は各層の分散の加重平均である．

第2項のことを**層間分散**といい，記号 σ_{b}^2 で表す (b は英語 between の頭文字)．上で述べたように，これは「重みを考慮したうえでの各層の平均の"分散"みたいなもの」であり，各層が似通った金太郎アメみたいなものであれば小さく，逆に各層が特色を反映したものであれば大きくなる．

$\sigma^2 = \sigma_{\mathrm{w}}^2 + \sigma_{\mathrm{b}}^2$ と分解できるという式はとても重要である．また，この関係式から，層内分散を小さくしようとすれば層間分散が大きくなり，逆に層間分散を小さくしようとすれば層内分散が大きくなるというトレードオフの関係があることがわかる．

いよいよ，標本抽出と，それに基づく母平均の推定について考えよう．全体の標本サイズを n とし，それを層1に n_1，層2に n_2，$\cdots$，層 i に n_i 割り振ったとする．当然のことながら $\sum_i n_i = n$ である．各層のなかでは単純無作為抽出 (非復元抽出) が行われるとする．

母平均は各層の平均値の加重平均で表されたから，推定値についてもまず各層の平均値の推定値を求め，その加重平均を考えるという「下から積み上げ方

式」が自然だろう.

$$\overline{x} = \sum_{i=1}^{L} \frac{N_i}{N} \overline{x}_i, \qquad \overline{x}_i = \frac{1}{n_i} \sum_{j=1}^{n_i} x_{ij} \qquad (6.23)$$

$\overline{x}_i$ は μ_i の不偏推定量だったから,その加重平均の $\overline{x}$ も μ の不偏推定量になる.

次に $\overline{X}$ の分散を計算しよう.ありがたいことに,異なる層からの標本抽出はそれぞれ独立して行われるので,分散の計算がとても楽になる.

$$V\left[\overline{X}\right] = V\left[\sum_{i=1}^{L} \frac{N_i}{N} \overline{X}_i\right] = \sum_{i=1}^{L} V\left[\frac{N_i}{N} \overline{X}_i\right]$$

$$= \sum_{i=1}^{L} \left(\frac{N_i}{N}\right)^2 V\left[\overline{X}_i\right]$$

$$= \sum_{i=1}^{L} \left(\frac{N_i}{N}\right)^2 \frac{N_i - n_i}{N_i - 1} \cdot \frac{\sigma_i^2}{n_i} \qquad (6.24)$$

2 番目の = で独立性を使った.また,最後の変形は,単純無作為抽出のときの結果を使っている.

分散の正しい式はこのとおりだが,実務では近似式が使われることが多い.たとえば,N_i が十分に大きければ $N_i \fallingdotseq N_i - 1$ だから,

$$V\left[\overline{X}\right] \cong \sum_{i=1}^{L} \frac{N_i(N_i - n_i)}{N^2} \cdot \frac{\sigma_i^2}{n_i} \qquad (6.25)$$

となる.

または,$N_i \gg n_i$ のとき,有限母集団修正項 $\fallingdotseq 1$ として,

$$V\left[\overline{X}\right] \cong \sum_{i=1}^{L} \left(\frac{N_i}{N}\right)^2 \cdot \frac{\sigma_i^2}{n_i} \qquad (6.26)$$

である.ここで σ_i^2 は未知数であるが,各層の標本不偏分散を使って推定すればよい.すなわち,各層の標本不偏分散 s_i^2 を

$$s_i^2 = \frac{1}{n_i - 1} \sum_{j=1}^{n_i} (x_{ij} - \overline{x}_i)^2$$

で求めて,これを $\dfrac{N_i}{N_i - 1} \sigma_i^2$ の推定値として使えば(6.2.2 項の母分散の推定の

議論を思い出そう), $V\left[\overline{X}\right]$ の推定値として

$$\sum_{i=1}^{L} \left(\frac{N_i}{N}\right)^2 \frac{N_i - n_i}{N_i} \cdot \frac{s_i^2}{n_i} \qquad (6.27)$$

が得られる.

比例配分

　層化抽出において, 各層から何個の対象を抽出するかは決まっていない (上の計算でも, 特に何らかの条件を課していない) が, 第 5 章で説明したように, 実務上は, 比例配分や最適配分が採用されることが多い. 特に比例配分の場合は上記の母平均推定値やその分散が簡単な式で表される.

　比例配分は, 各層への標本サイズの割当が, 層のサイズに比例するものであった. つまり,

$$\frac{n_i}{n} = \frac{N_i}{N}$$

これを, 母平均の推定値の式に代入すると,

$$\overline{x} = \sum_{i=1}^{L} \frac{N_i}{N} \overline{x}_i = \sum_{i=1}^{L} \frac{N_i}{N} \cdot \frac{1}{n_i} \sum_{j=1}^{n_i} x_{ij} = \sum_{i=1}^{L} \frac{1}{n} \sum_{j=1}^{n_i} x_{ij} = \frac{1}{n} \sum_{i=1}^{L} \sum_{j=1}^{n_i} x_{ij}$$

となって, 加重平均ではなく標本の単純平均で計算できることになる.

　分散に関しては, 有限母集団修正項 $\fallingdotseq 1$ の場合の近似式 (6.26) を使うと,

$$V\left[\overline{X}\right] \cong \sum_{i=1}^{L} \left(\frac{N_i}{N}\right)^2 \cdot \frac{\sigma_i^2}{n_i} = \sum_{i=1}^{L} \left(\frac{N_i}{N}\right)^2 \sigma_i^2 \cdot \frac{1}{n} \cdot \frac{N}{N_i}$$

$$= \frac{1}{n} \sum_{i=1}^{L} \frac{N_i}{N} \sigma_i^2 = \frac{\sigma_{\mathrm{w}}^2}{n} \qquad (6.28)$$

なお, σ_{w}^2 は層内分散である.

　この式から, 比例配分の場合は層化抽出は単純無作為抽出よりも精度が高い (誤差が小さい) ことがみてとれる. なぜなら, 単純無作為抽出の場合の母平均推定値の分散は (これも有限母集団修正項 $\fallingdotseq 1$ の場合の近似式を使うと) $V\left[\overline{X}\right] \cong \dfrac{\sigma^2}{n}$ で, $\sigma^2 = \sigma_{\mathrm{w}}^2 + \sigma_{\mathrm{b}}^2$ だからである.

　また, 第 5 章でも述べたように, 層化抽出で推定精度を上げるためには, 層間ができるだけ異質で, 逆に各層内ができるだけ同質になるようにすればよい

ということがわかる．全体の分散が層内分散と層間分散の和に分解できる一方
で，層化抽出では母平均推定の分散に層内分散しか関係しないというのは，なか
なかすごい結果である．

最適配分 (ネイマン配分)

第5章でもふれたように，各層での分散がある程度わかっていれば，標本の
配分を工夫して，限られた標本サイズのなかで誤差を最小にできる．

N_i が十分に大きいときの母平均分散の近似式 (6.25) を使うと，

$$V[\overline{X}] \cong \sum_{i=1}^{L} \frac{N_i(N_i - n_i)}{N^2} \cdot \frac{\sigma_i^2}{n_i} = \sum_{i=1}^{L} \frac{N_i^2}{N^2} \cdot \frac{\sigma_i^2}{n_i} - \sum_{i=1}^{L} \frac{N_i}{N^2} \sigma_i^2$$

これを，制約式 $\sum_{i=1}^{L} n_i = n$ のもとで最小化するような N_i を求めると (ラグラン
ジュの未定乗数法というものを使う)，簡単な計算で，

$$n_i \propto N_i \sigma_i \tag{6.29}$$

となり，各層のサイズと標準偏差の積に比例して標本を割り振ればよいことが
わかる．「大きな層からはたくさん抽出する」「ばらつきの大きな層からもたく
さん抽出する」というのは実感にも合っているだろう．なお，σ_i がすべて等し
ければ，最適配分は比例配分と同じことになる．

母平均の推定式やその分散は，上記の n_i を計算して代入すれば求められるが，
あまり美しい式でもないのでここでは省略する．

6.2.4 集落抽出

第5章では多段抽出を扱ってから集落抽出を扱ったが，数学的にはまず集落
抽出の計算を行ってからその応用として多段抽出の計算を行うほうがスムーズ
である．

母集団が M 個の集落に分けられていて，このうち m 個の集落を抽出してそ
こに含まれる対象すべてを調査したとする．第5章で説明したように集落の抽
出方法には単純無作為抽出や確率比例抽出法があるが，ここでは実務で用いら
れることが多い確率比例抽出法の場合について説明する．さらに計算を簡単に

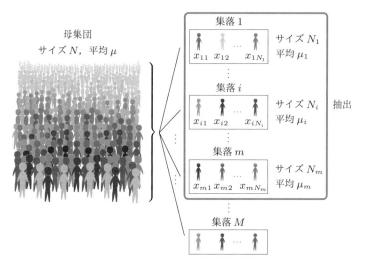

図 6.2　集落抽出

するために復元抽出 (したがって，各集落の抽出は互いに独立) と仮定する．単純無作為抽出のところでもみたように非復元抽出だと計算が極めて複雑になる一方で，集落数 M が十分に大きければ復元抽出と非復元抽出とではあまり差がない．さらに誤差計算では復元抽出のほうが大きく (＝実務的には安全を見込んで) 計算されることになる．

集落抽出で選ばれた集落を集落 1，... 集落 i，...，集落 m とし，i 番目の集落に含まれている個体の値を $x_{i1}, x_{i2}, \ldots, x_{ij}, \ldots x_{iN_i}$ とする．集落 i 内は全数調べられるので，集落 i の平均値 μ_i は

$$\mu_i = \frac{1}{N_i} \sum_{j=1}^{N_i} x_{ij}$$

である．

ふつうは集落の平均値から母集団の平均値を計算するのには加重平均を用いるが，いまの場合，集落を確率比例抽出したおかげで，m 個の集落平均の単純平均

$$\overline{\mu} = \frac{1}{m} \sum_{i=1}^{m} \mu_i \tag{6.30}$$

で母平均 μ を推定できる．実際，これの期待値をとると，各回の集落抽出で集落 j が選ばれる確率は $\dfrac{N_j}{N}\ (j=1,2,\ldots,M)$ なので，

$$E[\overline{\mu}] = E\left[\frac{1}{m}\sum_{i=1}^{m}\mu_i\right] = \frac{1}{m}\sum_{i=1}^{m}E[\mu_i]$$

$$= \frac{1}{m}\sum_{i=1}^{m}\sum_{j=1}^{M}\frac{N_j}{N}\cdot\frac{1}{N_j}\sum_{k=1}^{N_j}x_{jk}$$

$$= \frac{1}{m}\sum_{i=1}^{m}\left\{\frac{1}{N}\sum_{j=1}^{M}\sum_{k=1}^{N_j}x_{jk}\right\}$$

$$= \frac{1}{m}\sum_{i=1}^{m}\mu = \frac{1}{m}m\mu = \mu$$

となって，不偏推定量となることがわかる．

次に，この分散を計算するが，復元抽出＝各集落の抽出が独立であることを仮定したおかげで，(これでも) 計算がかなり楽になる．

$$V[\overline{\mu}] = V\left[\frac{1}{m}\sum_{i=1}^{m}\mu_i\right] = E\left[\left(\frac{1}{m}\sum_{i=1}^{m}\mu_i - \mu\right)^2\right] = \frac{1}{m^2}E\left[\left\{\sum_{i=1}^{m}(\mu_i-\mu)\right\}^2\right]$$

ここで μ_i たちが互いに独立であることを使うと交差項の期待値が 0 になるので，$(\mu_i-\mu)^2$ だけが残り，

$$V[\overline{\mu}] = \frac{1}{m^2}E\left[\sum_{i=1}^{m}(\mu_i-\mu)^2\right] = \frac{1}{m^2}\sum_{i=1}^{m}E[(\mu_i-\mu)^2]$$

$$= \frac{1}{m^2}\sum_{i=1}^{m}\left\{\sum_{j=1}^{M}\frac{N_j}{N}(\mu_i-\mu)^2\right\}$$

$$= \frac{1}{m^2}\sum_{i=1}^{m}\sigma_{\mathrm{b}}^2 = \frac{1}{m^2}m\sigma_{\mathrm{b}}^2 = \frac{1}{m}\sigma_{\mathrm{b}}^2$$

となる．ただし，σ_{b}^2 は層化抽出のところで述べた層間分散である．

実際は σ_{b}^2 の値は未知である (μ の真の値が未知なので) ため，μ のところを

推定値 $\overline{\mu}$ で代用して (その分, m で割るところを $m-1$ で割って)

$$\frac{1}{m} \cdot \frac{\sum_{i=1}^{m}(\mu_i - \overline{\mu})^2}{m-1} \tag{6.31}$$

を推定値の分散の推定値として利用する.

6.2.5 系統抽出

　系統抽出は,数学的には集落抽出と同じである.実際,図6.3のように抽出周期と同じ数の集落を作って順に対象を割り振っていき,起番号に相当する集落を選ぶと系統抽出になる.

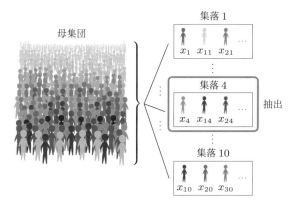

図6.3 系統抽出

　なお,6.2.4項では各集落を確率比例抽出する場合の計算を述べたが,図6.3では各集落のサイズが等しいので,確率比例抽出と単純無作為抽出は同じことになる.

　したがって,系統抽出における母平均の推定値やその分散は,集落抽出の結果で $m=1$ としたものが使えることになる.

$$\text{母平均の推定値 } \overline{x} = \frac{1}{N_0}\sum_{j=1}^{N_0} x_{ij} \qquad \text{分散 } V\left[\overline{X}\right] = \sigma_{\mathrm{b}}^2$$

ここで,i は抽出された集落の番号,N_0 は1つの系統に含まれる対象の個数である.

ただ，困ったことに，分散の推定値を式 (6.31) を用いて計算しようとすると，$\frac{0}{0}$ になって計算できない．そのため，分散を推定するには，2 系統以上を抽出してみて推定を行うか，あるいは「名簿の並び方に特に周期性がなければ単無作為抽出に近いに違いない」と信じて，サイズ N_0 の単純無作為抽出だと思って計算することになる．

6.2.6 多段抽出

ここでは多段抽出のうち最も簡単な 2 段抽出を扱うことにする．3 段以上になった場合は，基本的にここでの議論の積み上げになる．

母集団が M 個の集落に分かれていて，そこからまず第 1 段として集落を m 個抽出し，次に第 2 段として各集落から対象となる個体を抽出するとする．6.2.4 項の集落抽出の際の計算を利用するため，ここでも第 1 段は復元確率比例抽出を行ったと仮定する．また，第 2 段で各層から同じサイズ $n_0 = \frac{n}{m}$ の標本を (非復元) 単純無作為抽出する (非復元抽出としたのは，そのほうが現実的であることと，6.2.2 項で計算した結果が利用できることによる)．

2 段抽出での推定は，下からの積み上げである．

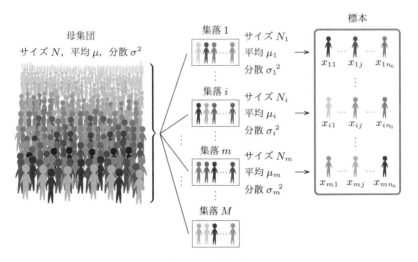

図 6.4 2 段抽出

母平均の推定は，まず各集落の平均 μ_i を，

$$\overline{x}_i = \frac{1}{n_0} \sum_{i=1}^{n_0} x_{ij}$$

で推定する．次に，この推定値を使って，母平均 μ の推定値は

$$\overline{x} = \frac{1}{m} \sum_{i=1}^{m} \overline{x}_i = \frac{1}{mn_0} \sum_{i=1}^{m} \sum_{j=1}^{n_0} x_{ij} = \frac{1}{n} \sum_{i=1}^{m} \sum_{j=1}^{n_0} x_{ij} \tag{6.32}$$

という，単純平均で計算できることになる．

これが不偏推定量になることは，$\overline{x}_i$ が μ_i の不偏推定量であることと，集落抽出での (6.30) 式より，

$$E\left[\overline{X}\right] = E\left[\frac{1}{n} \sum_{i=1}^{m} \sum_{j=1}^{n_0} X_{ij}\right] = E\left[\frac{1}{m} \sum_{i=1}^{m} \frac{1}{n_0} \sum_{j=1}^{n_0} X_{ij}\right]$$

$$= E\left[\frac{1}{m} \sum_{i=1}^{m} \mu_i\right] = \mu$$

となることからわかる．

この推定値の分散の計算はかなりややこしいので結果だけ示すと，

$$V\left[\overline{X}\right] = \sum_{i=1}^{M} \frac{N_i}{N} \cdot \frac{N_i - n_0}{N_i - 1} \cdot \frac{\sigma_i^2}{n} + \frac{\sigma_{\mathrm{b}}^2}{m} \tag{6.33}$$

となる．第1項は各層内での (有限母集団修正項付き) 標本分散の加重平均を抽出標本サイズ n で割ったもの，第2項は集落抽出の際も出てきた層間分散を抽出集落数 m で割ったものである．

$N_i \gg n_0$ で有限母集団修正項を1とみなすことができれば，この式はもう少し簡単になって，層内分散 $\sigma_{\mathrm{w}}^2 = \sum_{i=1}^{M} \frac{N_i}{N} \sigma_i^2$ も使って書き直すと

$$V\left[\overline{X}\right] \cong \frac{\sigma_{\mathrm{w}}^2}{n} + \frac{\sigma_{\mathrm{b}}^2}{m} \tag{6.34}$$

となる．単純無作為抽出のときが $V\left[\overline{X}\right] \cong \frac{\sigma^2}{n} = \frac{\sigma_{\mathrm{w}}^2 + \sigma_{\mathrm{b}}^2}{n}$ であり，当然ながら $m \leq n$ なので，この場合の2段抽出法の推定誤差が単純無作為抽出のそれより大きいことがみてとれる．

なお，σ_w^2 や σ_b^2 の値が未知なので，実際にはこの分散も推定を行う必要があるが，それは

$$\frac{1}{m(m-1)}\sum_{i=1}^{m}(\overline{x}_i - \overline{x})^2 \tag{6.35}$$

で計算できる．細かい計算は複雑なのでここでは割愛するが，興味のある読者は，たとえば豊田秀樹，『調査法講義』(朝倉書店，1998) p.147-151 をみていただきたい．

6.2.7 層化多段抽出

次に，層化多段抽出の場合の推定を考える．母集団が L 個の層に分けられていて，i 番目の層に含まれている集落の数を M_i，層全体のサイズを N_i，平均を μ_i，分散を σ_i^2 とする．各層から 2 段抽出を行うが，これまでの計算結果を使うため，まず m_i 個の集落を復元確率比例抽出し，各集落から対象を単純無作為抽出する．各集落への標本サイズの割当は，6.2.6 項と同様，同じサイズ n_{0i} とする．

母平均 μ の推定は，下から積み上げていくことになるが，集落 ij の母平均 μ_{ij} の推定値は

$$\overline{x}_{ij} = \frac{1}{n_{0i}}\sum_{k=1}^{n_{0i}} x_{ijk}$$

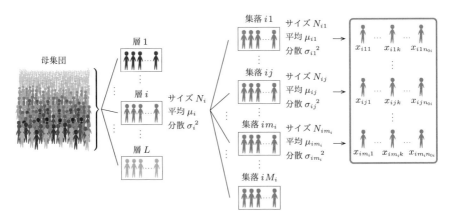

図 6.5 層化 2 段抽出

層 i の母平均 μ_i の推定値は

$$\overline{x}_i = \frac{1}{m_i}\sum_{j=1}^{m_i} \overline{x}_{ij} = \frac{1}{m_i}\sum_{j=1}^{m_i}\frac{1}{n_{0i}}\sum_{k=1}^{n_{0i}} x_{ijk} = \frac{1}{m_i n_{0i}}\sum_{j=1}^{m_i}\sum_{k=1}^{n_{0i}} x_{ijk}$$

$$= \frac{1}{n_i}\sum_{j,k} x_{ijk}$$

と，確率比例抽出のおかげで単純平均で書けることは 6.2.6 項のとおりである．

全体の母平均の推定は，各層への標本サイズの割当に特に制限を付けていないから一般の加重平均になって，

$$\overline{x} = \sum_{i=1}^{L}\frac{N_i}{N}\overline{x}_i = \sum_{i=1}^{L}\frac{N_i}{N}\cdot\frac{1}{n_i}\sum_{j,k} x_{ijk} \tag{6.36}$$

で計算する．

なお，各層への標本サイズの割当を比例配分法で行っていれば，$\dfrac{N_i}{N} = \dfrac{n_i}{n}$ なので $\overline{x} = \dfrac{1}{n}\displaystyle\sum_{i,j,k} x_{ijk}$ という単純平均になる．

次に，この推定値の分散を計算する．推定値が各層の母平均推定値の加重平均であって各層の標本抽出が独立に行われているので計算が簡単になって，

$$V\left[\overline{X}\right] = V\left[\sum_{i=1}^{L}\frac{N_i}{N}\overline{X}_i\right] = \sum_{i=1}^{L}\left(\frac{N_i}{N}\right)^2 V\left[\overline{X}_i\right]$$

$$= \sum_{i=1}^{L}\left(\frac{N_i}{N}\right)^2\left\{\sum_{j=1}^{M_i}\frac{N_{ij}}{N_i}\cdot\frac{N_{ij}-n_{0i}}{N_{ij}-1}\cdot\frac{\sigma_{ij}^2}{n_{0i}} + \frac{1}{m_i}\sum_{j=1}^{M_i}\frac{N_{ij}}{N_i}(\mu_{ij}-\mu_i)^2\right\}$$

さらに，この推定値としては，(6.35) 式を使って

$$\sum_{i=1}^{L}\left(\frac{N_i}{N}\right)^2\frac{1}{m_i(m_i-1)}\sum_{j=1}^{m_i}(\overline{x}_{ij}-\overline{x}_i)^2 \tag{6.37}$$

を用いる．

層化多段抽出になると，誤差の計算はかなり複雑になる．ここで扱ったように，第 1 段を確率比例復元抽出というかなり単純化した場合でも，数学的にきちんと計算するのは大変である．一方，実際に層化多段抽出で誤差の大きさがどの程度になるかを計算した研究結果では，単純無作為抽出の場合と比較して分

散が 2 倍程度 (平方根をとった標準誤差でいうと 1.4 倍程度) になった[3]という結果がある (林知己夫編,『社会調査ハンドブック』(朝倉書店, 2002), p.94). 標準誤差 1.4 倍というのをどう捉えるかは議論の分かれるところだが, 少なくともケタが違ったりはしないということはあるだろう. そのため, 簡便法として単純無作為抽出と仮定して誤差を計算するか, あるいは 6.4 節で紹介するブートストラップ法を用いて誤差を計算するといったことが広く行われている.

6.2.8　まとめ

以上, 計算した結果を, 一覧表にまとめておく.

表 6.1　各抽出法における母平均の推定とその分散

抽出法	母平均の推定式	推定値の分散の推定式
単純無作為抽出 (復元抽出)	$\overline{x} = \dfrac{x_1 + x_2 + \cdots + x_n}{n}$	$\dfrac{s^2}{n} = \dfrac{1}{n}\dfrac{1}{n-1}\displaystyle\sum_{i=1}^{n}(x_i - \overline{x})^2$
単純無作為抽出 (非復元抽出)	$\overline{x} = \dfrac{x_1 + x_2 + \cdots + x_n}{n}$	$\dfrac{N-n}{N}\dfrac{s^2}{n}$
層化抽出	$\displaystyle\sum_{i=1}^{L}\dfrac{N_i}{N}\overline{x}_i = \sum_{i=1}^{L}\dfrac{N_i}{N}\dfrac{1}{n_i}\sum_{j=1}^{n_i}x_{ij}$	$\displaystyle\sum_{i=1}^{L}\left(\dfrac{N_i}{N}\right)^2\dfrac{N_i - n_i}{N_i}\cdot\dfrac{s_i^2}{n_i}$
集落抽出 (確率比例抽出)	$\dfrac{1}{m}\displaystyle\sum_{i=1}^{m}\dfrac{1}{N_i}\sum_{j=1}^{N_i}x_{ij}$	$\dfrac{1}{m(m-1)}\displaystyle\sum_{i=1}^{m}(\mu_i - \overline{\mu})^2$
2 段抽出[※]	$\dfrac{1}{n}\displaystyle\sum_{i=1}^{m}\sum_{j=1}^{n_0}x_{ij}$	$\dfrac{1}{m(m-1)}\displaystyle\sum_{i=1}^{m}(x_i - \overline{x})^2$
層化 2 段抽出[※]	$\displaystyle\sum_{i=1}^{L}\dfrac{N_i}{N}\cdot\dfrac{1}{n}\sum_{j,k}x_{ijk}$	$\displaystyle\sum_{i=1}^{L}\left(\dfrac{N_i}{N}\right)^2\dfrac{1}{m_i(m_i-1)}\sum_{j=1}^{m_i}(\overline{x}_{ij} - \overline{x}_i)^2$

[※] 第 1 段を確率比例抽出, 第 2 段を各集落で同じサイズの標本を単純無作為抽出した場合

6.3　継続標本, ローテーションサンプリング, AK composite estimator, 比推定, 事後層化

この節では, 5.4 節で扱った継続標本とローテーションサンプリングの数学的背景を説明する. また, 母平均の推定精度を高めるための実務上の工夫につい

---

[3] というより, 多くの調査では, 多段抽出による分散の増加を元々の分散と同程度に抑えるように層化を行っている

ても紹介する.

継続標本に関して,話を簡単にするために,モデルケースとして,復元単純無作為抽出を行う場合を考える.サイズ N の母集団からサイズ n の標本を抽出し,2カ月連続して調査を行ったとする.

先月の観測値を x_i,今月の観測値を y_i とする $(i = 1, 2, \ldots, n)$.各月の母集団推定値は

$$\overline{x} = \frac{1}{n} \sum_{i=1}^{n} x_i, \quad \overline{y} = \frac{1}{n} \sum_{j=1}^{n} y_j$$

だから,先月から今月の増加幅の推定値は,引き算して

$$\overline{y} - \overline{x} = \frac{1}{n} \left(\sum_{j=1}^{n} y_j - \sum_{i=1}^{n} x_i \right)$$

この分散をとると,復元抽出にしたおかげで各抽出が独立になって,$i \neq j$ なら x_i と x_j,y_i と y_j,x_i と y_j がすべて独立になって共分散の項が消え,

$$V[\overline{Y} - \overline{X}] = \frac{1}{n^2} \{ nV[Y] - 2n\mathrm{Cov}[X, Y] + nV[X] \}$$

$$= \frac{1}{n} \{ V[Y] - 2\mathrm{Cov}[X, Y] + V[X] \}$$

さらに先月と今月とで分散 $V[X]$ が同程度 $= \sigma^2$ だと仮定すると,

$$V[\overline{Y} - \overline{X}] = \frac{2(1 - \rho)}{n} \sigma^2 \tag{6.38}$$

(ただし,ρ は X と Y の相関係数) となる.

継続標本がまったくない場合は $\rho = 0$ の場合と同じになる.通常は $\rho > 0$ と考えられるから (たとえば,もともと規模の大きい会社は先月も今月も出荷額が大きい),継続標本を使うことによって,月間の増加幅の推定精度が上がることになる.

しかしながら,すでに第5章で説明したように,ずっと標本を継続することは標本の陳腐化につながるし実務的にも大変である.そのため,標本を少しずつ入れ替えるローテーションサンプリングが用いられている.ローテーションサンプリングにおいて継続される標本の割合を P とすると,増加幅の推定値の

分散は

$$\frac{2(1 - P\rho)}{n}\sigma^2 \tag{6.39}$$

となる.

　なお, ここでは計算を簡単にするために増加「幅」で計算したが, 増加「率」についても対数をとって線形近似をすれば同様の議論ができる.

　また, 増加幅の推定に関しては継続標本のほうが精度が高くなるが, これが「前月と今月の平均」あるいは「12 カ月調査した結果から年平均を計算する」と言った場合には, 逆に, 標本をすべて入れ替えたほうが精度が高くなる. 実際, 上記の計算をなぞっていくと,

$$V\left[\frac{\overline{X} + \overline{Y}}{2}\right] = \frac{1 + \rho}{2n}\sigma^2 \tag{6.40}$$

継続標本の割合が P の場合は

$$\frac{1 + P\rho}{2n}\sigma^2 \tag{6.41}$$

となって, 一般的には $\rho > 0$ と考えられるから, 継続標本の割合が小さいほど精度は高くなる.

　したがって, 継続標本やローテーションサンプリングを行うべきか, また行ったとしてもどの程度の割合・頻度でサンプルを入れ替えるかは, 一概に決められるものではなく, 調査結果で何をどの程度重視するのかや事務的な負担 (調査実施者の負担および回答者の負担) も総合的に考えて決めなくてはならない.

AK composite estimator

　第 5 章でも言及したように, アメリカの統計局に当たる商務省センサス局では, 労働力調査 (Current Population Survey) において, **AK composite estimator** という複合推定量を作成している. これは, 継続標本と新しく入ってきた標本との結果を合成して, 結果がなるべく滑らかになるように計算を行ったものであり,

$$Y_t = (1 - K)X_t + K(Y_{t-1} + \Delta_t) + A\beta_t \tag{6.42}$$

という形をしている. ここで,

　　Y_t : t 月の AK composite estimator

X_t：t 月の全標本を用いた推定値

Δt：継続標本から計算した t 月と $t-1$ 月との差

β_t：(t 月の新標本による推定値) − (t 月の継続標本による推定値)

A, K：パラメーター $(0 \leq A, K \leq 1)$

まず第 1 項と第 2 項だけを考えると，パラメーター K が 0 の場合は，これは何の補正も行わないで全標本を用いて計算した推定値になる．一方で $K = 1$ の場合は継続標本による毎月の増減を積み上げたものになる．この 2 つの加重平均が第 1 項と第 2 項であり，K が小さければ毎月の新標本を重視，一方で K が大きければ継続標本による結果の安定性を重視したものになる．そして第 3 項は継続標本と新標本との差を徐々に埋めていく効果を持っている．

パラメーター A と K の決め方については，実は理論的に正しいものはない．ただ「経済変数は，大ショックでもない限りは基本的には滑らかに動いているはずである」という信念のもと，

- 毎月の AK 推定値の分散
- 年平均の AK 推定値の分散
- AK 推定値の前月差の 2 乗和

を計算して，これらが最小になるようにパラメーター A と K とを決めている．ただ，最小にすべきものが 3 つもあって，それぞれを最小にする A と K はバラバラである．そのため，実際には A と K のさまざまな値の組合せ (たとえば A を $0, 0.1, 0.2, \ldots, 0.9, 1.0$ と 0.1 刻み，K も同様に 0.1 刻みで変えてみる) で上の 3 つの指標を計算し，どの組合せがもっともよさそうかを判断する．センサス局では，いまのところ，

- 失業者数については $A = 0.3, K = 0.4$
- 就業者数については $A = 0.4, K = 0.7$

を採用しているが，見直しに関する研究も行われている．

AK composite estimator については，わが国でも，総務省や厚生労働省において研究分析が行われているが，パラメーターの設定に価値判断が入ることもあって，正式な公表値としては採用されるに至っていない．

AK composite estimator についてさらに詳しく知りたい読者は，アメリカ・

センサス局の Current Population Survey のレポート[4]を参照してほしい.

比推定, 事後層化

母集団推定のためには, ここまで述べてきたように, 標本の抽出方法に応じてウェイトを付けた加重平均によるのが真っ当な方法である. ただし, 実務上は, 推定精度を上げるために, 異なった方法を用いることもある. そのような例として, **比推定**と**事後層化**を紹介する.

比推定とは, 母集団推定のためにまず比率を推定して, それを別途用意した信頼度の高いデータに掛け算して推定値を求める方法である. 例として, ある市における就業者数を推定することを考えよう. すぐに考えつくのは世帯を対象とする抽出調査を行って就業者数を推定することであるが, 抽出調査であるがゆえに当然誤差がある. 一方, 市の人口については, 国勢調査や住民基本台帳によって信頼度の高いデータがある. 抽出調査からは就業者数と人口両方のデータが得られ, どちらも標本誤差があるが, 「たまたま人口の多い世帯を選んでしまった」ことによる標本誤差は就業者数と人口両方に同じ方向に効くと思われるから, 「就業者数/人口」という比率の誤差は小さいと期待される. そこで, 統計調査の結果から「就業者数」と「人口」をそれぞれ推定し, その比率「就業者数」/「人口」を別途入手した人口のデータに掛け算することで就業者数を推定する, というのが比推定である (なお, 推定に際しては, 総人口を用いるよりも年齢階級別人口を使ったほうがより精度の高い推定になるだろう. それも比推定の1つである). 比推定は政府統計では広く用いられている手法である.

事後層化は, 標本抽出時には層化していなかったのに集計時にあたかも層化し

表 **6.2** 事後層化の例

性別	年齢層	収集されたデータ	A 市の人口	集計
女性	20-29 歳	80 人	5796 人	5796/80 倍
女性	30-39 歳	130 人	6586 人	6586/130 倍
女性	40-49 歳	150 人	8381 人	8381/150 倍
⋮	⋮	⋮	⋮	⋮

[4] https://www.census.gov/programs-surveys/cps/technical-documentation/complete.html

ていたかのようにみなして，単純平均ではなく加重平均で推定を行う手法である．たとえば，もともとは単純無作為抽出で調査を行ったにもかかわらず回収できたデータをみると回答者の年齢構成に大きな偏りがあった場合，あたかも最初から年齢階級別に層化抽出していたとみなして，年齢階級別に異なるウェイトを用いて母集団推定を行うというのが事後層化である．もし回答内容に年齢が深く関係していれば，このような工夫を行うことによって精度の高い推定値を得ることができるであろう．ただし，そうであればもともと年齢階級別に層化抽出を行うのが本来の姿であるし，年齢以外に回答に影響するような要因がある場合に安易に事後層化をやってしまうと却って精度が下がる危険性もある．事後層化はできればやらないほうがよいし，やる場合も細心の注意が必要である．ただ，ウェブ調査などでは事前に層化抽出を行うのが困難なため，事後層化の利用は最近増えている．

　さらに高度な方法として，回収率にどのような要因が影響しているかを回帰分析などで明らかにしたうえで，その結果を使って補正を行う傾向スコア分析という方法もある．ただ，これは本書の範囲を超えるので，説明は割愛する．

6.4　ブートストラップ法

　6.2 節でみたように，標本から母平均を推定してその分散 (推定の誤差) を計算するのはかなり面倒な作業である．母平均の計算は基本的に観測値の加重平均なのでまだやさしいが，分散の計算は相当厄介であった．そのため，最近では，コンピュータによるシミュレーションを使った**ブートストラップ法**とよばれる方法により誤差の推定を行うことが広く行われている．

　シミュレーションなので，本来は母集団から何度も同様の方法で標本抽出を行って実験すればよいのだが，実際には名簿の閲覧を市役所に申請するなどの事務が発生するので実際的ではない．そのため，ブートストラップ法では，抽出された標本のみを用いて，そこから標本の再抽出 (リサンプリング) を何度も行うことによって再現を試みるのである．ブートストラップというのは「靴ひも」のことであるが，この方法の提唱者であるアメリカ・スタンフォード大学の Efron 教授の表現によれば "pulling ourselves up by our bootstraps"，つま

り自分で自分の靴ひもを引っ張り上げることにより宙に浮く (?) という，いったん抽出された標本自身から標本に関する分布の計算を行う感覚を表している．もちろん，抽出された標本が偏っていれば，実は自分で自分の靴ひもを引っ張り上げても宙に浮かないのと同様，偏った結果しか出ないのだが，それは標本分散を用いて推定を行うことと似たり寄ったりである．要は「平均的には (統計的には?) 正しい結果が出る」ということである．

ブートストラップ法では，与えられた標本から，対象を再度抽出 (リサンプリング) し，その再抽出された標本から母平均の推定値を求める．そのようなリサンプリングを複数回 (たとえば B 回) 行い，各回で得られた推定値を $\theta_1, \theta_2, \ldots, \theta_B$ とし，これら B 個の値の不偏分散

$$\frac{1}{B-1} \sum_{i=1}^{B} \left(\theta_i - \frac{\theta_1 + \cdots + \theta_B}{B} \right)^2$$

として，母平均推定値の分散を推定する．なお，標本抽出が多段抽出で行われていればそれを反映するためにリサンプリングは集落をリサンプリングするような形で行い，層化多段抽出であれば各層で独立に集落をリサンプリングするといった方法で行う．リサンプリングの回数 B をいくつにすればよいかは，実は母集団の分布や標本抽出の方法によって変わってくるので一概にはいえないのだが，通常は千回程度は行うことが必要である．実際には 1000 回，1200 回，1400 回，$\cdots$ と回数を増やしていって計算した結果をグラフに描き，結果が安定してきたと思われるところで計算を止める，といったことが行われている．

ブートストラップ法は，母分散の推定に関することだけでなく，中央値や四分位値，母分散などのさまざまな値に関する推定に用いることができる普遍的な方法である．また，最近では多くの統計解析ソフトウェアのパッケージとして装備されているので，詳しくは各ソフトウェアのマニュアルを参照してほしい．

ブートストラップ法に似たものとして**ジャックナイフ法**というものもある．これは，リサンプリングを自由に行うのではなく，1 つの対象のみを除外するという方法である．標本サイズ n の標本からだと，

- 1 番目の対象だけを除外　$x_2, x_3, \ldots, x_n$

$\vdots$

- i 番目の対象だけを除外　$x_1, x_2, \ldots, x_{i-1}, x_{i+1}, \ldots, x_n$

といった具合に n 個のリサンプリング標本を作り，これからさまざまな推定量を作成する，というものである．これも元々の標本抽出が多段抽出や層化多段抽出であれば，それを反映するために，集落単位での削除を行う (その場合は該当する層内で他の集落のウェイトを膨らませて，全体のウェイトの和 = 1 となるように調整する)．ジャックナイフ法は，外れ値の影響をみる場合などに用いられる．

6.5　母平均の検定，区間推定

統計的検定の考え方は，第5章でもふれたように，基本的に背理法である．つまり，

① 社会調査で立証したい仮説を設定する．

たとえば「この新商品は，旧商品よりも消費者の支持度が高い」

② 立証したい仮説をいったん否定した仮説を考える．

上の例だと「(新商品の支持度 μ) ≤ (旧商品の支持度 μ_0)」

これを，最終的には否定される = 無に帰することが期待される仮説なので**帰無仮説**といい，記号 H_0 で表す．

一方，帰無仮説の反対が，(実際にはこちらが期待されるものであるが) **対立仮説**といい，記号 H_1 で表す．

上の例だと対立仮説は「(新商品支持度 μ) > (旧商品支持度 μ_0)」

③ 帰無仮説のもとで「このような実現値が得られることはめったに起きない」という値の範囲を求める (**棄却域**という)．

④ 実現値が棄却域に入れば，

こんなことはめったに起きないはず → でも起きた

→ 最初の仮定がおかしい → 帰無仮説を棄却

上の例では「(新商品の支持度 μ) ≤ (旧商品の支持度 μ_0)」が間違い

→ めでたく「(新商品の支持度 μ) > (旧商品の支持度 μ_0)」

逆に，実現値が棄却域に入らなければ，

こんなことが起きることもたまにはあるだろう

> → 最初の仮定もあながち誤りではあるまい
>
> → 帰無仮説は棄却できない

という流れで検定を行う.

上の例では, 有意水準を5%と設定した場合, 標本平均の従う分布を正規分布で近似して, 調査の結果から新商品の支持度を求め, それと旧商品の支持度との差が標準誤差の1.65倍以上であればめでたく帰無仮説が棄却できる. なお1.65というのは正規分布の片側5%点である.

「あれっ, 1.96じゃないの?」と思った読者もいるだろうが, これは仮説の立て方によるのである.

- 「帰無仮説 $H_0 : \mu \leq \mu_0$, 対立仮説 $H_1 : \mu > \mu_0$」のときは正規分布の片側に外れる確率を考えて (**片側検定**), 信頼度5%であれば片側5%点の1.65で判断する

- 「帰無仮説 $H_0 : \mu = \mu_0$, 対立仮説 $H_1 : \mu \neq 0$」のときは正規分布の両側に外れる確率を考えて (**両側検定**), 信頼度5%であれば片側2.5%点の1.96で判断する

ということになる.

片側検定と両側検定のどちらを使うかは, どういう仮説を検証したいかによる. 「新商品の支持度は旧商品よりも高い」ということを示したいのであれば片側検定だし, 「内閣支持率は60%だといえるか」を示したければ両側検定になる. 片側検定と両側検定を比較すると片側検定は標準誤差の1.65倍以上離れていれば帰無仮説が棄却できるが両側検定だと1.96倍以上離れていないといけないので, 片側検定のほうが基準としては甘い. そのため, 調査の報告書などでは, 厳しめの両側検定を使っておくほうが安全ということもある (森田果, 『実証分析入門』(日本評論社, 2014), p.81 参照).

---

t-値と P-値　　　　　　　　　　　　　　　　　　　　　　# Column

統計解析ソフトで分析を行うと, t-**値**や P-**値**というものが出力される. そして, 数理統計学の教科書をみると「母集団の分散が未知の場合は, 正規分布ではなく t 分布による t 検定を行う」という, 本書ではお目にかからなかった用語が出てくる.

　実は，数学的にはそのとおりなのであって，母分散がわからなくて標本不偏分散を使って，標本平均の推定・検定を行う場合，本来は正規分布ではなく t 分布とよばれるものを使わなくてはならない．ただし，標本サイズ n が十分に大きければ (通常は 100 以上もあれば) t 分布は正規分布でほとんど近似できるので，本書の記述が間違っているわけではない．

　t 分布は発見者の名前をとって Student の t 分布という．Student というのは学生という意味だから，ずいぶんふざけた名前だが，これはペンネームであり，本当はウィリアム・ゴセットという，20 世紀はじめのイギリスの醸造技術者である．

　ゴセットはイギリスのギネス社 (世界記録を集めたギネスブックで有名だが，本来は，黒ビールでも有名なビール会社である) の技術者として醸造技術やオオムギの栽培に関する研究を行っていた．当時は数理統計学の勃興期で，ゴセットも最新の統計学を用いて実験結果の解析を行っていたが，どうもうまくいかない．なぜなら，当時の数理統計学は標本サイズが十分に大きくて正規分布でうまく近似できる場合を主に扱っていたのだが，ゴセットが扱う実験データは標本サイズが数十程度であってうまく当てはまらなかったのである．ゴセットは努力して，小標本でも当てはまる t 分布を発見し，それを論文として公表した．ただし，当時のギネス社は，企業秘密を守る観点から，従業員が論文を公表することを禁じていた．そのためゴセットはやむなく，Student というペンネームを使って論文を公表し，その名前が広まったのである．

　P-値のほうは，統計的検定を行う際に，観測値がどれくらい珍しいかという確率であり，正規分布の両側検定であれば 1.96σ に当たるのが $P = 0.05$ である．昔は検定量が計算されると正規分布表に当てはめて「これ以上離れた値になる確率は○％」などと自分で調べていたが，いまではソフトウェアを用いると自動的に P-値が出力されるので，「$P = 0.04$ なので有意水準 5 ％で棄却」や「$P = 0.1$ なので有意水準 5 ％で棄却できない」といったことが簡単にわかるようになった．P-値サマサマである．ただ，あまりにも P-値を信仰するあまり，P-値を小さくするためにいろいろ小細工をすることが横行した．最近ではそのようなことを P-値ハッキングとよんで研究者がやってはならないことと位置づけられている．P-値ハッキングの代表的なものは，標本サイズ n をどんどん増やしていって，$P = 0.05$ を下回ったところで実験を止める，というものである．昔は，期待される結果が出なかったとき (帰無仮説が棄却できなかったとき) は「標本サイズを増やしてみろ」と当然のようにいわれていたが，最近ではそれは研究不正とみなされることが多い．P-値ハッキングの好例 (社会的に望ましくないという意味では悪例というべきか?) としては，「ESP カードを使った超能力実験を行ったところ，超能力の存在が実証された (カードを言い当てる確率がランダムに予言した場合の確率と変わらないという帰無仮説が棄却された)」というものがある．これは，実験の標本サイズをみると恣意的に実験回数を設定したのではないかとの指摘を受けている．

　アメリカ統計学会は，P-値にばかりこだわる風潮に対して注意喚起を行う声明 "Statement on Statistical Significance and P-Values"[5] を 2016 年に発表している．

---

[5] https://www.amstat.org/asa/files/pdfs/P-ValueStatement.pdf

信頼区間についても第 5 章でふれたが，母平均を μ，標本平均 $\overline{X}$ が正規分布に従うとして，

$$P(\mu - 1.96 \times (\text{標準誤差}) \leq \overline{X} \leq \mu + 1.96 \times (\text{標準誤差})) = 0.95$$

なので，これを変形して，

$$P(\overline{X} - 1.96 \times (\text{標準誤差}) \leq \mu \leq \overline{X} + 1.96 \times (\text{標準誤差})) = 0.95$$

である．調査から求められた母平均の推定値を $\overline{x}$ として，$[\overline{x} - 1.96 \times (\text{標準誤差}), \overline{x} + 1.96 \times (\text{標準誤差})]$ の区間のことを「信頼度 95％の信頼区間」という．

信頼度 99％の信頼区間は，$[\overline{x} - 2.58 \times (\text{標準誤差}), \overline{x} + 2.58 \times (\text{標準誤差})]$ になる．

信頼区間という用語を使えば，「世論調査の結果から，内閣の支持率を 95％の信頼度で推定せよ」という問いに対して「内閣支持度に対する信頼度 95％の信頼区間は $[0.58, 0.62]$」という言い方が可能になる．

信頼区間とベイズ統計 　　　　　　　　　　　　　　　　　　　　# Column

上記の「内閣支持度に対する信頼度 95％の信頼区間は $[0.58, 0.62]$」という言葉の 95％の意味は「同様の標本抽出を何度も行い，同じような計算方法で信頼区間を計算したときに，それらの信頼区間が真の値 p を含む確率が 95％，すなわち，100 回の標本抽出を行って信頼区間を 100 個求めたところ，そのうち 95 個の区間には p が含まれるだろう」ということである．

ベイズ統計による推測では，信頼区間に似た概念で信用区間というものがあるので，これを簡単に紹介する．ベイズ統計の枠組みでは，標本を抽出する際，母数もある確率分布に従って確率的に変化するというモデルを採用する（このように一見奇妙で非現実的なモデルにもかかわらず，統計的推測において非常に有用であることが興味深い）．このモデルにおいて，標本を抽出する前に仮定する，母数が従う確率分布を事前分布という．標本を抽出したあと，その情報をもとに母数が従う確率分布を改良する．その結果得られる分布を事後分布という．この事後分布を用いて（現実の母集団の）母数を推定するのである．

いま，現実の母集団を映しだすモデルの母集団として，平均 μ，分散 σ^2 の正規分布に従うものを考える．ここでは，μ が従う事前分布として無情報事前分布とよばれる，$(-\infty, +\infty)$ 上の一様分布を考えよう．これは確率密度関数が

$$\pi(\mu) = C \quad (-\infty < \mu < +\infty) \quad \text{ただし } C \text{ は正の定数}$$

で定義されるものである．実は，この確率密度関数を全範囲にわたって積分すると ∞ になってしまって，通常の意味での確率密度関数の定義に反している（確率密度関数であれ

ば積分した結果は 1 にならないといけない). なので, この分布は通常の意味では確率密度ではない「非正則な確率密度」とよばれるものになる. いささか怪しげであるが, うまく使えば有用なので, しばらくは我慢してほしい. また, σ^2 については, ここでは簡単のため既知の定数とする.

標本 $x = (x_1, x_2, \ldots, x_n)$ が抽出されたときの μ の事後分布は, ベイズの定理により,

$$\pi(\mu|x) = \frac{f(x|\mu)\pi(\mu)}{\int f(x|\mu)\pi(\mu)\,d\mu}$$

で与えられる. ここで, $f(x|\mu)$ は μ が与えられたときの x の確率密度関数である. $x_1, x_2, \ldots, x_n$ が独立に正規分布に従うと仮定していたので,

$$f(x|\mu) = \prod_{i=1}^{n} f(x_i|\mu) = \prod_{i=1}^{n} \frac{1}{\sqrt{2\pi}\sigma} \exp\left(-\frac{(x_i - \mu)^2}{2\sigma^2}\right)$$

である. また, 分母の積分は μ で積分しているので結果は μ に関係ない値であるし, 分子に現れている $\pi(\mu) = C\,(定数)$ なので, μ に関係ない. 同様に μ に関係ない項を比例定数として括り出していくと

$$\pi(\mu|x) \propto \prod_{i=1}^{n} \frac{1}{\sqrt{2\pi}\sigma} \exp\left(-\frac{(x_i - \mu)^2}{2\sigma^2}\right)$$

$$\propto \exp\left(-\frac{1}{2\sigma^2} \sum_{i=1}^{n}(x_i - \mu)^2\right)$$

$$= \exp\left(-\frac{1}{2\sigma^2}\left(n\mu^2 - 2(x_1 + x_2 + \cdots + x_n)\mu + \sum_{i=1}^{n} x_i^2\right)\right)$$

$$\propto \exp\left(-\frac{n}{2\sigma^2}\left(\mu - \frac{x_1 + x_2 + \cdots + x_n}{n}\right)^2\right)$$

これを μ に関する確率密度関数とみると, 平均 $\dfrac{x_1 + \cdots + x_n}{n}$, 分散 $\dfrac{\sigma^2}{n}$ の正規分布に似ている. 違うところは定数倍のところだが, これは途中の計算を比例 $\propto$ で省略していたからであって, ここで事後的に, これが (非正則分布ではなく通常の意味での) 確率密度関数になるようにつじつまを合わせると,

$$\pi(\mu|x) = \frac{1}{\sqrt{2\pi}\sigma/\sqrt{n}} \exp\left(-\frac{n}{2\sigma^2}\left(\mu - \frac{x_1 + x_2 + \cdots + x_n}{n}\right)^2\right)$$

となって, 確かに平均 $\overline{x} = \dfrac{x_1 + \cdots + x_n}{n}$, 分散 $\dfrac{\sigma^2}{n}$ の正規分布となる. そうすると, 区間 $\left(\overline{x} - 1.96\dfrac{\sigma}{\sqrt{n}}, \overline{x} - 1.96\dfrac{\sigma}{\sqrt{n}}\right)$ のなかに μ が含まれる確率は 95 %, ということがベイズ統計の立場からはいえることになる. この区間を 95 % 信用区間という (なお, こ

こでいう確率 95 ％は，モデル内の定式化のもとで計算された主観的確率であり，現実との対応が明確にあるものではない，ということには注意しておこう）．

なお，非正則な分布が生理的に受け付けられない人は，事前分布として正規分布 $N(\varphi, \tau^2)$ を考えて同様の計算を行い，事後分布が平均 $\dfrac{\varphi\sigma^2 + \bar{x}n\tau^2}{\sigma^2 + n\tau^2}$，分散 $\dfrac{\sigma^2\tau^2}{\sigma^2 + n\tau^2}$ の正規分布になることを確かめてから $\tau \to \infty$ の極限を考えればよい．

章 末 問 題

6-1 6.2.3 項では「層化抽出で各層への標本サイズの配分を比例配分とした場合，精度は高くなる」ことを示したが，層化の仕方や標本サイズの配分いかんでは，必ずしも精度が高くなるとは限らないことを示せ.

6-2 本文では，集落抽出に関して，確率比例抽出する場合の計算を示したが，単純無作為抽出とした場合はどうなるか，考えてみよう.

① 集落を (非復元) 単純無作為抽出し，集落サイズが均一でない場合は
$$\frac{1}{m}\sum_{i=1}^{m}\mu_i = \frac{1}{m}\sum_{i=1}^{m}\frac{1}{N_i}\sum_{j=1}^{N_i}x_{ij}$$ は不偏推定量とならないことを示せ.

② そこで，集落 i の合計を $T_i = \sum_{j=1}^{N_i}x_{ij}$ とするとき，T_i の平均に全集落数 M をかけて総合計の推計値を求めたうえで N で割った $\dfrac{M}{N}\dfrac{1}{m}\sum_{i=1}^{m}T_i$ は母平均の不偏推定量となることを示せ (9.3 節も参照).

③ T_i の母分散を σ_e^2，標本不偏分散を s_e^2 とすると，②で求めた不偏推定量の分散とその推定量がそれぞれ次式で表されることを示せ.
$$\frac{M^2}{N^2}\frac{M-m}{M-1}\frac{\sigma_e^2}{m}, \quad \frac{M^2}{N^2}\frac{M-m}{M}\frac{s_e^2}{m}$$

6-3 問 **6-2** の応用として，2 段抽出法で 1 段目の集落抽出を非復元無作為抽出，2 段目も非復元単純無作為抽出としたとき，母平均の不偏推定量とその分散，推定量がそれぞれ
$$\frac{1}{N}\frac{M}{m}\sum_{i=1}^{m}\frac{N_i}{n_i}\sum_{j=1}^{n_i}x_{ij},$$
$$\frac{1}{N^2}\left(M^2\frac{M-m}{M-1}\frac{\sigma_e^2}{m} + \frac{M}{m}\sum_{i=1}^{M}N_i^2\frac{N_i-n_i}{N_i-1}\frac{\sigma_i^2}{n_i-1}\right),$$
$$\frac{1}{N^2}\left(M(M-m)\frac{s_e^2}{m} + \frac{M}{m}\sum_{i=1}^{m}N_i(N_i-n_i)\frac{s_i^2}{n_i}\right)$$
となることを示せ. さらに層化 2 段抽出とした場合はどうか.

6-4　総務省の労働力調査で，実際にどのように比推定を利用しているか調べよ．

6-5　P-値ハッキングを防ぐためにはどういう対策があるか，本文で紹介した
　　アメリカ統計学会声明も参考にして考察せよ．

第 7 章

調査票の作成

7.1 調査票作成上の注意

調査票は，調査実施者と調査対象者をつなぐ重要かつ多くの場合は唯一の手段であるため，細心の注意を払って準備する必要がある．なお，ここでは「調査票」という用語を使っているが，一般にイメージする紙の調査紙だけでなく，インターネットでの回答フォーム，電話調査や面接調査での応答要領なども含めた，広い意味での「質問事項と，それに対する答え方をセットにしたもの」と考えてほしい．

調査票は，ただ単に聞きたいことを並べればよいというものではない．日常生活でもそうであるように，人にものを尋ねるにはそれなりの作法が必要であるし，尋ね方の巧拙で答えの内容も変わってくる．調査票の作りがまずければ，正確な答えを得られないだけでなく，多くの場合，回答すらしてもらえない．盛山和夫，『社会調査法入門』(有斐閣，2004) では「調査票はサーチライトではなく超音波探査機だ」と述べているが (同書 p.90)，言い得て妙である．モノを尋ねればそこに光が当たって何があるかわかるという単純なものではなく，返ってきた答えをもとに我々が解釈しなくてはならない．そのためにもどのような超音波をどのように当てるかには一定の工夫が必要になる．基本的には，多くの文書と同様，

- わかりやすく
- 誤解がなく
- 答えやすい

ものを目指すことになる.

　ただ, 抽象的に「わかりやすいものを作れ」と言われても, どうすればよいか
わからないだろう. 大事なことは, 自分一人で考え込むのではなく, 別の人の目
でみてもらうことである. 一人で考えていると, どうしても思い込みや個人の
考えに支配されてしまう部分が出てきてしまう. できれば家族のように, 調査
とはまったく関係のない人にみてもらうのがよい. また, 官公庁や他の研究者
が以前に作った調査票を参考にするのもよい考えである. 調査結果の報告書に
は, 通常, 使用した調査票の様式が添付されているし, データアーカイブにも
調査票が保管されている. もちろん, 既存の調査票のなかには, あまり出来が
よくないと思われるものもあるのだが, そういうものも含めて, 他の人が作っ
た調査票をみるのは勉強になる.

　調査票の構成は, 多くの場合,

　① 調査のタイトル

　② 調査の概要, 調査主体など

　③ 調査の依頼

　④ 記入上の注意

を最初のページ (表紙) にまとめ, 次のページから

　⑤ 質問文 (本文)

に入り, 最後に

　⑥ 謝辞

という構成をとる. 回答用紙がマークシート式の場合などは, 表紙を別紙の1
枚ものにすることもある.

　①調査のタイトルは, 調査対象者が最初に目にするものなので, 簡潔かつ興
味をひくようなものにする必要がある. ただ, 「興味をひくような」と言っても
過度にセンセーショナルなものにする必要はない.

　②の調査の概要は, 調査の目的や意義を簡潔に記載する. ここで長々と書い
ても読んでもらえないだけなので, ポイントを絞って, どういう目的で行い,
結果がどのように利用されるかを記す. また, 調査主体が誰で (業務委託を受
けている場合は委託元と委託先の両方), 問合せ先はどこかもきちんと書いてお

く．人にものを尋ねる以上，まずは自分から名乗るのが当然のエチケットである．ウェブサイトがあればそのアドレスを記載するのもよいだろう．なお，心理実験などでは，最初に調査の詳細な目的を明かさずに調査を行うことがあるが，その場合はあらかじめ所属する機関 (大学など) の倫理委員会の審査を受け，実験が終わった後に対象者に調査目的を説明する必要がある．医学分野で**インフォームド・コンセント**といわれるが，社会調査においても，対象者にきちんと説明したうえで理解してもらい，納得のうえで自由意思で回答してもらうことが重要である．

③調査の依頼については，②を受けての調査のお願いである．「ご多忙の中，誠に恐縮ですが，調査の趣旨をご理解いただき，ご協力くださいますよう，お願い申し上げます」ということを書くのだが，それに加えて，

- なぜ対象者に選ばれたのか (「○○市に在住の 20 歳以上の方から 2,000 人を無作為抽出した」，「△△高校に在籍しているすべての方にお尋ねしています」など)
- 回答内容の秘密が保護されること (「結果は統計的に処理され，個人の回答内容が漏れることはありません」など)

などについても記載する．

④記入上の注意は，自計式回答の場合に必要となるが，「筆記用具は何を使うか (鉛筆でよいかボールペンか)」「締め切りはいつか」などの必要最小限のことを書く．それ以上細かい，「ここでいう年間収入とは…」などのことは，質問文本文か別紙に記載する．

⑤の質問文 (本文) が，調査票の本体である．

⑥謝辞も忘れぬよう記しておく．時間を割いて回答してもらったことには感謝すべきだし，場合によっては回答内容を確認するために再度連絡することもあるので，締めも誠意をもって行う必要がある．

以上の内容をコンパクトにまとめる必要があるのだが，最初は既存の調査の例を参考にするとよいだろう．

質問文 (本文) については特に，見栄えやレイアウトに注意する．ここがゴ

チャゴチャしていると回答する気が失せるし，誤解に基づいて回答してしまう危険性もある．また，回答内容によって次にどの質問に答えるか変わってくる場合もある (たとえば，過去1年間にスマホの機種変更をした人には機種について詳しく聞くなど) ので，矢印を使うなどして紛れがないようにする必要がある．重要な部分は太字や下線，文字の色を変えるなどの工夫も必要になる．

　最後に，調査票の分量について注意しておこう．調査を行うのは本当に大変な作業なので，ついついあれこれと聞いてしまいたくなるのだが，調査を受ける側にとっては分厚い調査票 (というか調査ブック) をみただけでうんざりしてしまう．電話調査でも，数分で終わるかと思っていたのに延々続けられると，途中で切ってしまうこともあるだろう．政府統計ではマークシート式の調査票を使うことが多いこともあって，調査票を1枚の分量にまとめることが多い．研究機関などが行う調査では調査票が冊子形式になっている場合が多いが，それでも分量はできるだけ抑えてある．ただ，枚数を抑えるために文字を小さくして行間を詰めたみにくい (醜い) 調査票にしてしまっては元も子もない．質問内容を厳選して，みやすく答えやすい調査票にすべきである．

7.2　ワーディング

　すでにふれたように，質問文 (本文) は調査票の中心であり，十分な推敲を経て作成する必要がある．質問文における言葉遣いや文章構成，質問の並べ方などを総称して**ワーディング**とよんでいる．語感からだと言葉遣いだけを指しそうだが，実際にはもっと広い概念である．

　ワーディングにおいて注意すべきことはいくつかあるが，それらを順に紹介していこう．

① あいまいな表現は使わない

　たとえば，次の質問を考えてみよう．

　　　問　あなたは1カ月間にどれくらい本を読みますか．

　　　　a. たくさん読む

　　　　b. まぁまぁ読む

    c. あまり読まない

    d. ほとんど読まない

　このような質問だと「たくさん読む」というのが実際に何を指すのかあいまいであり，人によっては「月に 10 冊以上」「いや，月に 30 冊以上」と解釈が分かれてしまう．そして，各々の判断に従って回答した結果を集計しても，およそ意味をなさないものになってしまう．このような場合は明確に，「月 30 冊以上」とか「月 10〜29 冊」とすれば誤解がない．なお，意識に関する調査を行う場合に「○○についてどう思いますか」→「a. 強くそう思う　b. まぁまぁそう思う　…」という聞き方をすることがあるが，主観的な考え方を客観的指標で測ることは困難なので，これは致し方ない．

　上記の例では「本」という表現もあいまいである．一般書籍だけを指すのか，雑誌も含めるのか，マンガはどうするのかなど，解釈が分かれる余地がある．もっとも，「本」としてどの範囲を考えるかは，調査の目的によって異なってくる．若者の活字離れに関する調査であれば一般書籍を考えているのだろうし，出版業界の動向を調べるのであれば雑誌も含めたものになるだろう．要は，調査実施者が自分できちんと意識して，それを対象者に誤りなく伝えることである．

　また，質問文のなかでは「この」「その」といった指示語はできるだけ避けるべきである．質問文を注意深く読めば紛れはないのかもしれないが，往々にして，指示語が何を指しているか，誤解を生む原因になりうるからである．

② 難しい用語は避ける

　回答者が理解できないような専門用語を使っても，質問内容を理解してもらえないだけなので，避けるべきである．たとえば，大学関係者にとっては FD という言葉は日常用語だが，一般の人は聞いたこともないだろう (ちなみに，FD とは「Faculty Development，教員が授業内容・方法を改善し向上させるための組織的な取組」のことである．一昔前はフロッピィ・ディスクのことだった)．専門用語，略語，外来語，流行語は使わないほうがよいし，どうしても使わなければならない場合は脚注などで内容を説明する必要がある．

　なお，調査対象者が専門家で，専門用語についても十分に理解している場合

には，きちんとした用語を使って紛れが生じないようにすべきである．たとえば，企業の財務内容について尋ねる内容で回答者が財務担当者であれば，会計用語を適切に使って紛れのないようにすべきである．要は，回答者をイメージして，その人がきちんと理解できるような言葉遣いにすべきである．

③ ダブルバーレル質問をしない

ダブルバーレルというのは「双胴銃」のことであり，銃身が2つ並んでくっついていて引き金を引くと2発の弾が発射される銃のことである．銃であれば2発の弾が発射されてよいことがあるのかもしれないが，社会調査におけるダブルバーレル質問とは1つの質問で2つのことを尋ねるものであり避けるべきこととされている．

たとえば，「あなたは，この携帯電話の端末の機能やデザインが優れていると思いますか」といった質問がダブルバーレル質問である．機能とデザインの両方が優れていると思う人は「はい」と答えるだろうが，「機能は優れているがデザインがダメ」という人や，逆に「機能はダメだがデザインはマル」という人は答えようがない．その結果，無回答になってしまうか，適当に「はい」と答える人もいるだろう．そのような調査結果をもらっても，分析のしようがない．

ダブルバーレル質問を避けるためには，質問文を2つに分けるしかない．上記の例だと，

「あなたは，この携帯電話の端末の機能が優れていると思いますか」

「あなたは，この携帯電話の端末のデザインが優れていると思いますか」

という2つに分けるのである．こと社会調査に関しては「1粒で2度おいしい」ということは期待しないほうがよい．

④ ステレオタイプ的な用語を用いない

ステレオタイプとは元々は印刷で用いるステロ版(鉛版)に由来する言葉で，多くの人に浸透している固定観念や先入観のことである．ステロ版を用いると同じ印刷物がたくさんできることから，多くの人が判で押したように同じ考えを持っていることを意味する言葉である．

　たとえば「官僚の天下り」という言葉は，それだけで，悪徳公務員が私利私欲のためにやっている印象がある．そのため，質問文で

　　　「あなたは官僚の天下りについてどう考えますか」

と聞けば，当然のごとく，否定的な回答ばかりになるだろう．より中立的と考えられる「公務員の再就職」という用語を用いた場合とでは大きな差が出ることが予想される．その他には，たとえば，「非正規雇用」という言葉も，負のイメージをもたれる場合が多いので，なるべく避けたほうがよいといわれている．

　もちろん，言葉というものはそれぞれの人がその経験に基づいて解釈するものだから，ある種の先入観は避けて通れない．しかしながら，すでに一定のイメージがついてしまった用語を使った質問だと，偏りのある答えしか得られず，悪意を持って一定の方向を出したいような場合を除いては，およそ意味のない調査結果になるだろう．そのため，ステレオタイプ的な用語は質問文では使ってはならない．

⑤ 誘導的な質問をしない

　テレビの裁判ドラマでは「異議あり．それは誘導尋問です．」という場面がよくあるが，社会調査においても誘導的な質問はしてはならない．

　たとえば，子供へのしつけについて尋ねる調査において，前段で，最近の若年犯罪などについて延々と述べた後で「若年犯罪を減らす観点から子供へのしつけの重要性が指摘されていますが，あなたはどう思いますか」という聞き方は最低である．④のステレオタイプ的な用語と同様，悪意を持って一定の方向を出したいような場合を除いては，そのような調査結果には価値がない．

　もちろん，回答者に対して，質問内容をきちんと理解してもらうために背景なども含めて説明することはある．ただ，それはあくまで，質問者にきちんと回答してもらうためであり，一定の方向に誘導するために行うのではない．誘導的な質問をすると最後に困るのは調査実施者自身だということをきちんと意識してほしい．

⑥ 黙従傾向に注意する

　黙従傾向は，イエス・テンデンシーとよばれることもあり，聞かれたことに対して「はい」と答えてしまう傾向のことをいう．

　たとえば，以下の2つの質問

　　「あなたは，飲食店の全面禁煙に賛成ですか」

　　「あなたは，飲食店で一部に喫煙スペースを設けることに賛成ですか」

は互いに反対のことを聞いているので，両者の「はい」の答えを合計すると100％になりそうなものだが，実際にやってみると100％を超えることが多い．これは，人間の心理として，質問者の意図を忖度して「『はい』と答えてもらいたいのだろう」と考えを巡らせてしまうという要因が指摘されている．

　黙従傾向自体は人間の心理なのでどうしようもないが，黙従傾向による偏りを避けるため，たとえば「あなたは飲食店の全面禁煙に賛成ですか，反対ですか」と聞き方を変えるだけでも効果がある．

　以上の①〜⑥は単体の質問文に当てはまる注意事項であったが，⑦以降は主として質問文の並べ方に関するものである．

⑦ 関連する質問は近いところに並べる

　質問する主題がころころ変わってしまっては，回答者の頭が混乱してしまう．関連する質問は近いところに並べて，回答者が答えやすいようにする配慮が必要である．

　質問のまとまりが変わるところでページを改めて，「ここからは○○についてお尋ねします」という切り出しの文章を書くのもよくやる手法である．

⑧ キャリーオーバー効果に注意する

　キャリーオーバー効果とは，直前に聞かれた質問への回答内容が，次の質問への回答に影響を持ち越してしまう効果をいう．たとえば，

　　「二酸化炭素排出削減のため，火力発電所の削減に賛成ですか」

という問いの直後に

「原子力発電所の削減に賛成ですか」
という問いがあれば，1 番目の問いに「はい」と答えた人は「火力発電所を減らしてしまったら原子力発電所を減らすのは難しいだろうな」と考えて，2 番目の問いに「いいえ」と答える傾向があると考えられる．

　キャリーオーバー効果自体は人間心理に起因するものであるし，⑦の「関連する質問は近いところに並べる」ということを考えると，キャリーオーバー効果を完全になくすことは不可能である．ただ，誘導的質問のところでも述べたように，回答に偏りが生じたときに困るのは調査実施者自身である．キャリーオーバー効果による回答の偏りが生じないよう，質問の聞き方などには注意すべきである．

⑨ 答えやすい順に質問を並べる

　質問に答えることは一定の心理的負担があるので，回答者に気持ちよく答えてもらうためには，答えやすいものから並べていく必要がある．

　かつては，回答者の年齢，職業，家族構成のような事項を「悩まなくても答えられるから」という理由で最初に尋ねることが多かったが，最近では「なぜ，いきなり個人情報を根掘り葉掘り聞かれるのだ」と反発されることも多いので，逆に，個人属性は最後に聞くようにしていることが多い．

7.3　選択肢の作り方

　質問文ができたら，次にそれに回答してもらうための回答欄を作ることになる．回答方式としては，大きく分けて**選択式**と**自由回答式**がある．さらに選択式は**単項選択**と**多項選択**，自由回答式は (適切な用語が確立していないが) 数値などのあまり自由度のないものを回答する方式とまったく自由に書いてもらう方式がある．順に解説していこう．

① 選択式 (単項選択)

　選択肢をいくつか並べて，そのなかから 1 つだけを選んでもらう方式である．たとえば，総務省統計局「国勢調査」で，配偶者の有無について尋ねる箇所で，

- 未婚 (幼児などを含む)
- 配偶者あり
- 死別
- 離別

のなかから1つをマークするものがある．なお，国勢調査では，「届出の有無に関係なく記入してください」と注があるので，事実婚についても記入することになる．

選択式 (単項式) の場合は，複数に記入されたり該当するものがなかったりすると困るので，選択肢が

- 互いに排他的であり，
- すべてを尽くしている

ことが重要である．

このうち「すべてを尽くす」というのがやっかいで，すべての選択肢を挙げると数十にもなるような場合や，調査実施者が思いもつかないようなものが出てくる可能性がある．泣く泣く「その他」という項目を設けることもあるが，「その他」が全体の50％にもなるような調査は失敗なので，頑張って選択肢を考えるか，事前テストを実施して様子をみることになる．

対象者の賛否を問うような質問で，

「あなたは○○についてどう思いますか」

a. そう思う
b. ややそう思う
c. どちらともいえない
d. ややそう思わない
e. そう思わない

という5つの選択肢を使うことがある (5点尺度または5件法という) が，わが国では，特に意見が分かれるような問題の場合，aやeを選ぶ人は少なく，cが多くなる傾向があることが指摘されている (ただし，インターネット調査では逆にaやeが多くなる傾向がある)．回答者の心理負担を考えると，態度をはっきりさせることを強いるよりは「どちらともいえない」という選択肢を設けておく

のがよい．一方で，白黒はっきりさせたい場合には「どちらともいえない」という選択肢を設けないこともあるが，どちらがよいかは一概にはいえない．

　選択式の場合，最初のほうの選択肢が選ばれる確率が高くなることが知られている (②の多項選択の場合も同様である)．これは，調査票での選択肢を上からみていって該当するものがみつかったところでマークしてしまう，ということから考えても自然なことであろう．面接調査や電話調査では，質問の途中で回答が可能であればやはり最初のほうの選択肢が選ばれる確率が高くなるが，質問を最後まで聞かなくてはならない場合は，最後のほうの選択肢が選ばれる確率が高くなる．この影響を完全に排除することは難しいが，一番重要なのは，選択肢をあまり多くしないことであろう．その他には，最も回答される割合が多いと想定される選択肢をわざと真ん中あたりに置いたり，なかには選択肢の順番を変えた複数種類の調査票を使ったりして調査する場合もあるが，とくに後者はあまり現実的とはいえない．

② 選択式 (多項選択)

　多項選択は，選択肢のなかから複数の回答を選ぶ方式である．選択肢が互いに排他的でない場合に用いられる．

　たとえば，「あなたがこのエアコンを買った理由は何ですか」という問いに対して，

　　a. 機能が充実しているから
　　b. 使いやすそうだったから
　　c. 価格が安かったから
　　d. 販売員に勧められたから
　　　　……

という選択肢のなかから該当するものをすべて選んでください (または「主なものを 3 つ選んでください」)，といった形式である．1 つだけ選ぶ人もいれば全部選ぶ人もいるかもしれない．

　商品を選んだ理由などは，1 つに絞り込むことがなかなか難しいので，マーケティングリサーチや意識調査では多項選択式が用いられることが多い．一方で，

学術調査では多項選択式は評判が悪い. たくさんある選択肢のなかから a だけ
を選んだ人と a, b, c の 3 つを選んだ人とでは a に対する重みが違うと考えられ
るがその分析が大変であるし, クロス集計表を作るときも厄介である. そのた
め, 単項選択式と多項選択式を組み合わせて,

- 該当するものをすべて選んでください
- そのなかで最も重要なものを 1 つ選んでください

という形式をとることもある.

③ 自由回答式 (自由度が低い)

　自由回答式のうち, 数値で答えてもらうものや, ある程度決まった内容のな
かから書いてもらうものは, 回答者の自由度が低い. たとえば,

- 家族の人数, 店舗の売上高といったものを数値で答えてもらう
- 国勢調査における職業や勤務先の産業を言葉で答えてもらう

というものがある.

　前者については, 選択肢をわざわざ設けなくても数値を記入してもらえばよ
いというものなので, あまり紛れはない. ただ, 第 4 章でも注意したように, 金
額については桁間違いが時々発生するので, 注意しなくてはならない.

　後者のほうは 4.1 節のコーディングのところでも紹介したが, 選択肢を設け
ると数百〜数千になるので, 回答者には言葉で書いてもらい, データを入力す
る際にそれをコードに変換するという作業が発生する. コーディングのときに
悩むことがないように,「記入上の注意」などの書類で, 回答例をいくつか示し
ておくことが重要である.

④ 自由回答式 (自由度が高い)

　自由回答式で自由度が高いものは調査実施者のほうで事前に回答内容を絞り
込めないために「○○について自由にお書きください」「その他の理由があれば
お書きください」という形式をとるものである.

　質的調査では, このような回答形式は重要であり, さまざまな答えを聞き出
すことが大事である. 一方, 量的調査ではあまり自由に回答されても集計のし

ようがないので，回答項目として挙げてはいても実際に活用されることは少なかった．ただ，最近ではテキストデータ分析の手法も高度化してきたので，自由記述欄の数量的な分析も以前と比べて容易にできるようになってきた．これについては第11章で紹介する．

7.4　調査票の例

　図7.1が政府が実施している国勢調査，図7.2が大阪商業大学が実施している日本版総合的社会調査 (JGSS) で使われている調査票の実例である．これまでも述べてきたように，調査票をゼロから作り上げるのはなかなか大変である．既存の調査票のよいところは見習って，調査票を作り上げてほしい．

7.5　その他の調査関係書類

　調査票以外にも，いくつか調査関係書類を準備する必要がある．代表的なものとして，以下のものがある．

① 挨拶状

　調査票にも簡単な調査依頼を書くのが普通だが，できれば，別紙で「拝啓…」からはじめる正式な挨拶状を添付すべきである．

② 記入の手引き

　調査票に書ききれなかった記入上の注意や，具体的な記入例，コード表などを記載する．ただし，多忙な回答者がいちいち「記入の手引き」をみてくれない可能性があることを踏まえ，本当に重要なポイントは調査票のほうに含めるべきである．

　インターネット回答様式ではポップアップ機能などを活用することも考えるべきである．

③ 返信用封筒，インターネット回答用 ID・パスワード

　郵送調査の場合や留置調査で郵送提出をしてもらう場合は，返信用封筒を添付する．当然ながら，郵便切手を添付するか料金受取人払にする．

　プライバシー意識の高まりに配慮して調査票本体には回答者の氏名などを記載させないのが一般的であるので，その場合，回答があったかなかったかのチェッ

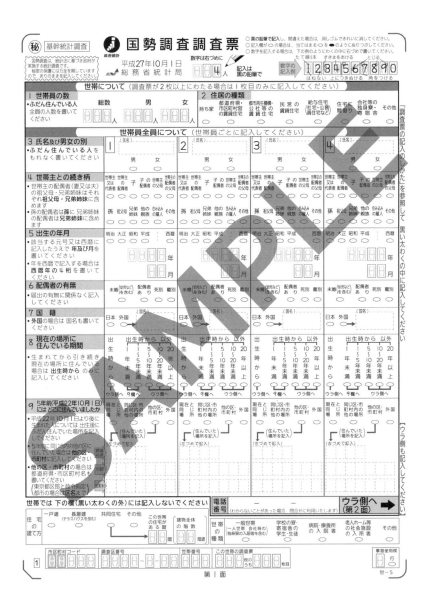

図 7.1 国勢調査調査票 (第 1 面)

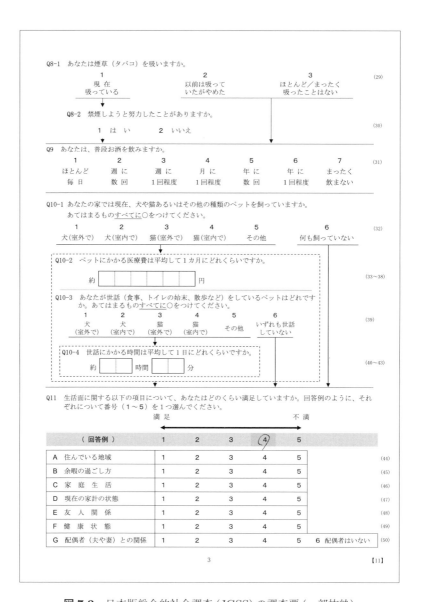

図 7.2　日本版総合的社会調査 (JGSS) の調査票 (一部抜粋)

大阪商業大学 JGSS 研究センターの許可を得て，JGSS-2018 留置調査票より転載.

クのため，封筒のほうに番号をつけて返送状況をチェックすることもある．

インターネット回答の場合は，それに使用する ID・パスワードを通知する紙を添付する．

④ その他の参考資料

以前にも同様の調査を行ったことがあれば，「調査結果はこのように役立てられています」といった簡単な紹介資料を添付してもよい．

ランダム化回答方式 # Column

個人のプライバシーに関することなどで人に知られたくない内容について尋ねる場合，自計式にして調査票の提出も秘密が漏れないようにするのが基本であるが，別の方法として，**ランダム化回答方式**というものが知られている．

これは，もっとも単純には，以下のようなやり方をする．たとえば，アニメオタクであることを周りの人に知られたくない場合に，

① まず，各人でコイントスをし (表と裏のどちらが出たかは他人にはみせない)，表が出た人は 1 にマークして調査終了，裏が出た人は②に進む

② コイントスで裏が出た人のうち，アニメオタクは 1 をマーク，そうでない人は 2 をマークする

すると，1 にマークをした人が 60％いた場合，そのうちの 50％は①で表が出た人だと考えられるので，残りの 10％がアニメオタク．①で裏が出た人だけに着目して考えると 10％/50％ ＝ 20％ がオタク割合だ，という推定ができる．

ただ，これだと，2 にマークした人は必ずオタクでないということになるので，ウソをついて 2 にマークする誘因が残る．そのため，やり方を複雑化して，

① 赤，白 2 種類のカードを準備してカードを十分切り，各人がカードを引く．赤のカードが引かれる確率を p とする．

② オタクの人は赤カードを引いたら 1 をマーク，白カードを引いたら 2 をマークする．非オタクは赤カードを引いたら 2，白カードを引いたら 1 をマークする．

オタク割合を x とすると，1 がマークされる確率 a は

$$a = xp + (1-x)(1-p)$$

となる．これを x について解くと，

$$x = \frac{a+p-1}{2p-1}$$

となる．

ランダム化回答法は，思考実験としてはなかなか面白いが，実際にこれを適用してみた研究によれば，まず調査のやり方を理解してもらうのが難しいとのことである．それもあって，実際の調査に適用されることはあまりない．

章 末 問 題

7-1　以下の質問文はそれぞれどこが不適切か，指摘せよ．

①　あなたはインターネットをよく利用しますか．

　　　　1. はい　　　2. いいえ

②　日本の環境政策は国際的にみて遅れているといわれていますが，スーパー
のレジ袋を有料化すべきとの意見にあなたは賛成しますか．

③　あなたがレストランを選ぶとき最も重視するのは以下のどれですか．

　　　　a. 味や値段　　　b. 店の雰囲気　　　c. アクセスのよさ

7-2　ダブルバーレル質問の例とステレオタイプ的な用語を使った質問の例を
考えてみよ．

7-3　新聞社の世論調査の質問文をインターネットなどで調べ，改善すべき点
がないか考察せよ．

7-4　7.4 節で紹介した国勢調査，JGSS 調査の調査票について，どのようなと
ころに工夫がみられると思うか．

7-5　次のような調査を行うための調査票を実際に作ってみよ．

①　学校のクラスで勉強時間と成績との関係を分析するための調査

②　市の人口を増やすための施策を立案するための調査

③　売れるタピオカミルクティーの要件を明らかにするための調査

第 *8* 章

調査実務

8.1 調査票の配布，回収

調査対象の抽出が終わって調査票や各種調査書類が完成したら，いよいよ実際の調査，実査とよばれるものの開始である．

実査の進め方は調査員調査，郵送調査などの調査方法により違いがあるが，「誠意をもって対象者に接し，回答してもらう」という基本的な姿勢は変わらない．ここでは調査員調査 (留置法) を中心に，適宜，他の方法におけるやり方にも言及しつつ，説明していこう．

調査員の訪問に先立って，電話応対窓口の整備や (可能であれば) ウェブサイトの立ち上げを行っておく．調査が始まると「この調査は本当に信用できるのか」などの問合せが入ってくるので，騙り調査などの怪しいものではないことを示すためにも，このような対応は必須である．ウェブサイトに「よくある質問 (FAQ)」を設けておくと，電話応対の事務節減にもなる．

調査員が対象者を訪問する前に，ハガキで事前通知を行う場合がある．わが国の場合は予算の制約などから行わない場合も多いが，アメリカでは広く行われている．ただし，アメリカでの研究では大学のレターヘッドで事前通知を出すと回収率が上がるが，調査会社のレターヘッドだと逆に回収率が下がったという結果があり，効果は一概には言えない (グローヴス他 (大隅昇監訳)『標本調査ハンドブック』(朝倉書店，2011，原著2004)，p.212)．ハガキには，調査の目的と協力依頼，訪問したい日時，連絡先などを書いておく．ハガキをみた人から問合せの電話が入ってくるので，その応対も必要である．また，転居が年

間 5％程度ある (企業対象の調査でも移転・廃業は同程度ある) ために, 送った
ハガキのかなりの割合が「宛先不明」で返送されてくるので, 調査名簿でそれ
らをきちんと管理する必要がある.

調査員の訪問は, 当然のことながら, 訪問する時間帯や身だしなみなどに注
意が必要である. 大事な情報を教えてもらうのだから, 対象者に「この人なら
大丈夫」と信頼をえることが重要である. 世帯対象の調査であれば朝早くや夜
遅く, 食事時は避けるべきだし, 事業所対象の調査であれば繁忙期は避けるべ
きである. 相手方が不在であれば, 訪問の趣旨と再訪問の日時, 連絡先を記し
たメモを残しておく.

郵送調査では, 他の郵便物と紛れてしまわないように, 封筒の色を通常の事務
用封筒とは変えておくのが普通である. 第 4 章でふれたように郵送調査では不
在返送がかなりの割合で発生するので, 標本抽出時にあらかじめそれを見越して
多めに抽出しておく. 返送されてきたものは都度々々名簿でチェックしておく.
また, 電話応対窓口やウェブサイトは, 調査員調査の場合よりも重要である.

調査依頼を行い調査票を配布したら, あとは調査票の回収になる. 面接調査
や電話調査であれば, その場で調査票を記入, 終了となるが, 留置調査や郵送
調査であれば回収が必要となる. 留置調査では, 調査票を渡したときに回収の
日時を約束し (数日〜1 週間程度後), その日に記入済み調査票をとりに伺う. か
つては, 調査票を受け取る際に記入漏れなどがないか簡単にチェックするのが
一般的であったが, 最近では調査票の中身をジロジロみられるのを嫌がる人も
多いので注意が必要である. ひとこと「中身を簡単に確認させていただいてよ
ろしいでしょうか」と断ったうえで, 記入内容を細かくみるのではなく, 記入
漏れがないかなどをざっとみるにとどめることになる.

最近では, 調査票をわざわざとりに来られるのを嫌がる人が多いこともあっ
て, 留置法と郵送調査・インターネット調査の組み合わせ方式として, 調査員が
調査への協力依頼および調査票の配布を行った後で, 調査票は郵送やインター
ネットで行うことも多い. 調査実施者にとっては調査票をとりにいく手間が省
けるとともに, 調査対象者にとっては調査票回収時に在宅していなくてもよい
という, 双方にとってメリットがある. さらに, 郵送提出の場合は調査票の記

入漏れの防止が困難であるというデメリットがあったが，インターネット提出だと回答フォームのなかに記入漏れチェックや簡単な整合性チェック機能を組み込むことにより，それらのチェックを簡単に行うことができる．さらに，企業調査の場合，通常は企業において財務データや従業員データを電子データとして保有しているので，それをコピー＆ペーストして回答することができるし，回答内容の印刷・保存機能もつけておけば社内での文書決裁にも使うことができる．こうした理由により，最近では，インターネット回答方式が広く使われるようになってきている．

謝礼の要否

　調査対象者に謝礼を渡すかどうかは，なかなか難しい問題であるが，一般的には次のようなことがいわれている．

　① 公的調査や学術調査では謝礼を出さないことが多いが，商業ベースの調査では謝礼を出すことが多い

　調査に答える立場からいうと「この調査に答えることによって，自分にどういうメリットがあるのか」ということを考えるが，公的調査や学術調査の場合はそれが政策に生かされたり学問の進歩につながったりして，結果として回答者を含めた世のため人のためになるというのが一義的な目標である．回答者も「世のなかのためになるなら」と考えて回答してくれる場合が多いので，あえて謝礼を出さないのが一般的である．その代わりに，調査結果の報告書を後日送ることもある．

　一方，商業ベースの調査 (マーケティングリサーチなど) では，メリットを受けるのは一義的にはその企業であるので，回答者がメリットを受けることは想定しにくい．場合によっては「調査に答えてもあなたの会社の利益になるだけでしょ」と反発されるおそれもある．そのため，商業ベースの調査では，利益の還元ということも含めて，謝礼を渡すことが多い．

　② 謝礼は現金よりも品物で

　謝礼を出す場合，アメリカでは現金が一般的であり品物よりも回収率向上効果が高いとされている (前掲　グローヴス他『調査法ハンドブック』，p.212) が，

日本では，現金では生々しい印象を与えることもあって品物を送ることが多い．企業の限定グッズなどが喜ばれるようである．郵送調査では，封筒のなかに何か品物が入っていると，「とりあえず開けてみよう」と思われることもある．インターネット調査ではポイント付与も多い．

③ あまり高額な謝礼は逆効果

謝礼があまり高額だと，回収率は却って下がってしまうことが知られている．回答に手間のかかる調査の場合は謝礼が高額になる傾向があるが，それはバランスの問題であって，回答の手間と比較して著しく高価な謝礼は，逆に「社会調査と言いつつ，別の目的があるのではないか」と勘繰られて，回収率には逆効果となるようである．

④ 先渡し方式のほうが回収率は上がる

謝礼を先に渡して「回答をお願いします」という先渡し方式と，「回答いただいた方には謝礼を差し上げます」という後渡し方式とでは，先渡し方式のほうが回収率は高いことが知られている．先に謝礼をもらってしまうと「答えないのに謝礼だけもらうのは申し訳ない」という心理が働くからと推察される．回答を無記名でもらう場合には後渡し方式が実際には使えないこともある．ただし，先渡し方式だと，回答してくれない人に対しては謝礼が贈り損になって「予算の無駄遣いだ」と批判を受けることもあるので，どちらがよいかは一概にはいえない．

8.2 督促について

郵送調査では，調査票を送った後は返送を待つことになるが，期日までに調査票が返送されてこないことがままある．回答拒否の場合もあるが，忙しさにかまけて放っておかれたり，完全に忘れられていたりする場合もある．そういった対象者に向けて注意喚起を行い，再度，回答のお願いをする活動を督促とよんでいる．語感としてはきつすぎるようにも思うが，定着している用語なので，そのまま使うことにする．

社会調査は，政府の基幹統計調査を除くと回答義務はないので，回答を無理

強いすることはできない．あくまでも対象者の自由意思に基づき，回答してもらう必要がある．そのため，「督促」といっても厳しいことはできず，「調査の趣旨をご理解の上，ご協力ください」というお願いが中心になる．

　郵送調査の場合，通常は電話番号などの情報がないので，督促手段は郵便を用いる方法などに限定される場合が多い．アメリカでは締め切りの直前に「リマインダー」と称して手紙を出すことが一般的であるが，日本の場合，締め切り前に督促を行うと「ちゃんと覚えているのに失礼だ」と反発を買うこともあるので，締め切り直後に行うことも多い．手紙の文面も，アメリカでは理詰めで「あなたは標本理論に基づき抽出されたのだから，あなたの回答がないと結果にバイアスを生じる」とくるのだが，日本では「重要な調査なので，ぜひ回答をお願いします」というものが多い．

　ただ，督促活動の効果はかなり大きい．一般的にみて，督促により回収率は10〜20％上昇するといわれている．特段の反対理由がないのであれば，督促はきちんとすべきである．

回収率

　回収率は高いに越したことはないのだが，現実的に100％の回収率を達成するのは難しい．また，標本誤差の大きさを決めるのは基本的には分析に使用できる有効な回答「数」であって，標本サイズ1万で回収率50％の調査と，標本サイズ5千で回収率100％の調査とでは，どちらも標本誤差としては同じになる．しかしながら，回収率が低いと，「回答してくれた人が偏っているのではないか（たとえば，聞かれている施策に賛成の人のほうがやけに回収率が高いなど）」，「答えるのが難しすぎるのであれば，返ってきた答えの信頼性も大丈夫か」といった非標本誤差が発生していないかが問題となる．非標本誤差を見積もるのは難しいし，回収率が低いことがただちに非標本誤差が起きていることを意味するわけではないが，調査結果の妥当性について，外部からは疑いの目でみられる可能性がある．

　それでは，どの程度の回収率を目指せばよいのだろうか．明確な基準はないのだが，表3.2で示した，調査方法別の回収率の平均が参考になる．一般的には「この程度は回収できるはず」と思われているので，これより大幅に回収率

が低い場合は，督促を頑張って，同水準程度まで回収を図る必要がある．

8.3　調査関連業者との連携

　調査の現場では，調査の工程の一部を専門業者に委託することもよく行われている．小規模な調査であれば自前でやったほうが安上がりだろうが，規模が大きくなると専門の業者に委託したほうが安くなることもあるし，印刷物の出来栄えなどは委託したほうが美しく仕上がる．専門の業者についてはさまざまな業種があるが，印刷業者とデータ入力業者について，郵送調査を例に紹介する．

印刷業者

　郵送調査を行うにあたって，印刷するべきものは多い．実査では①挨拶状，②質問票，③送付用封筒，④返信用封筒，⑤宛名ラベル (送付用)，また督促では⑥督促状，⑦宛名ラベル (督促用) が最低限必要である．原稿の準備が整った段階で業者指定の形式 (Word や PDF など) で入稿するが，このうち返信用封筒は，料金受取人払郵便として印刷する場合も多いため，事前に郵便局と打ち合わせを行う必要がある．料金受取人払郵便にすると，返信の郵送料が実費 (＋手数料 10〜21 円，仕様によって異なる) となるので，調査費を節約する手としては有効である (返信用封筒にすべて切手を貼ると，回答者は封筒を捨てにくいという心理が働くため，回収率が上がるという話もある)．

　入稿を済ませると印刷前に校正をする (しない場合もある)．校正は誤字脱字の最終チェックだけでなく，レイアウトなどの印刷ミスを防ぐためにも丁寧にしたほうがよいだろう．また督促状を送らない人のチェックのため調査票にナンバリング (通し番号をふること) を行うこともある．そのような場合は校正の段階において，ナンバリングの挿入位置なども確認する必要がある．

　校正が終わればいよいよ印刷である．印刷は約 1 週間程度であるが，印刷業務のほか発送も委託していれば，入稿から発送まで校正後 2〜3 週間を要する．調査票の確定は最終すり合わせなどで遅れることもあるので，どのような工程を委託するにせよスケジュールは業者ときちんと確認しておかなければならない．さもなければ，調査票に印刷した締め切りに発送が間に合わず，訂正用紙を追加で印刷するといった事態になりかねない．

データ入力業者

　調査票を発送・回収して開封し，とりまとめが終わるといよいよデータ入力である．データ入力はスプレッドシートにデータを入力する単純作業だが，人手・時間・根気がいる作業でもある．自分自身で行ったり，研究チームや学生だけで行ったりした場合，丁寧に指示をしなければ思わぬ入力ミスがおこる可能性もある．一方で，データ入力を専門とする業者は，独自のノウハウや戦略があるので，予算に余裕がある場合はこの作業を委託したほうがよいだろう．

　データ入力業者は，調査票を渡すだけでただちにデータを返してくれる便利屋というわけではない．分析を目的としたデータを手に入れるためには，丁寧に打ち合わせをしておくことが重要である．データ入力の際の注意点は 9.1 節で主な項目を紹介するので，打ち合わせの参考にしてほしい．

8.4　予算の立て方

　郵送調査を行うにあたっては**調査の予算**をあらかじめたてておくのがよいだろう．表 8.1 は計画標本 4000 件，回収率 50 ％，調査票の分量を 12 ページとした場合の調査予算イメージである．実際は仕事を依頼する業者，質問票のページ数，封入物，回収率 (今回は郵送調査にしては多めに見積もっている)，自力で行う作業によって，予算は大幅に変動する．なお，この予算イメージでは督促状は調査者が発送するものとしているが，細かいインク代などは含まれていない．さらにサンプリングのため役所にいく交通費や人件費などについても考慮していないことに注意されたい．

　合計で約 220 万円という試算結果であるが，もしボールペンを封入せず，データ入力を自力で行うと費用が 70 万円ほど抑えられる．つまり最低でも 150 万円ほどで実施することができるだろう．再度確認しておくが，仕様によって大幅に価格は前後するので，上記の表を参考に必要な支出項目をイメージして，あとはどこまで業者に依頼するか考えて，予算を立ててほしい．

表 8.1 計画標本 4000 件の場合の郵送調査費 (イメージ)

仕様	概算	備考
封入用ボールペン	￥200,000	業者委託
送付用封筒 (角 2, 色紙, シール付き)	￥80,000	調達して業者引き渡し
返信用封筒 (長 3, 色紙, のり付き)	￥80,000	業者委託
印刷費：案内状 (A4 片面印刷 1 枚)	￥20,000	業者委託, 紙代含む
印刷費：調査票 (A4, 色紙, 12 頁, 冊子体)	￥150,000	業者委託, 紙代含む
印刷費：返信用封筒	￥70,000	業者委託
郵送費	￥500,000	業者委託
作業費：封入・発送	￥80,000	業者委託
作業費：宛名シール貼り	￥24,000	業者委託
返信用郵送費 (料金受取人払)	￥300,000	回収率 50 %, 150 円 (140 円 ＋手数料) × 2000 部, 調査票 と封筒で 50〜100 g の場合
督促状 (郵便はがき)	￥151,200	作成して送付, 63 円 ×2400 枚
データ入力委託費	￥500,000	業者委託
宛名ラベル (送付用・督促用)	￥20,000	作成して業者引き渡し
合計	**￥2,175,200**	

章 末 問 題

8-1　実際に調査をすることをイメージして，挨拶状を作成せよ.

8-2　実際の社会調査のウェブサイトを探し，どのようなことが掲載されているか調べよ.

8-3　回収率を上げるために，本文で紹介した方法以外にどのような対策が考えられるか.

8-4　実際に郵送調査をすることをイメージして，提携する業者について調べよ.

8-5　実際に調査員調査をすることをイメージして，予算案を作成せよ.

第 9 章
調査結果の集計，とりまとめ

9.1　データチェックとコーディング

　データの収集が終わったら，まずはデータが使えるものであるか，チェックが必要になる．データサイエンスの分野では，データを分析に使えるような形になるまでのチェックや整形を**データクレンジング**とよんでおり，データ分析作業の 7 割以上を占めるともいわれている大事で手間のかかる作業である．特に社会調査の場合は記入漏れや記入誤りが多く発生するので，チェックは重要である．

　まず簡単にできるのは，記入漏れのチェックである．回答欄が空欄になっていたり，○印をつけるべきところに何もついていなかったりという記入漏れは，調査票をざっとみるだけでもチェックできる．留置調査の場合は，調査票を受け取る際に簡単な記入漏れのチェックを行うべきだが，すでにふれたように，最近では調査員に調査票の中身をみられるのを嫌がって封入で提出する人も多い．その場合は当然，その場でのチェックはできず，集計担当者が開封してはじめてチェックができるようになる．

　チェックの結果，記入漏れがみつかった場合の対処としては，「原則は，回答者に確認して補正」である．実際，正確性が強く求められる政府統計では，そのような対応を定めているのが通常である．しかし，一般の調査でそこまでやるのは困難な場合も多い．対象者に聞いても回答を拒否されたり，調査員の雇用期間が終了してしまったりして調査不能になることもある．前後関係などからみて内容が明らかな場合 (たとえば，生年を尋ねている箇所で，元号に関する

マークが記入漏れだが数字欄に「58年」とあれば，昭和であろう) は，集計担当者の判断で訂正することもある．最終的に，確認もできず訂正もできなかったものは，「無回答」として扱うことになる．

記入漏れのチェックと並行して，記入誤りのチェックも行う．2.1節でも例に挙げた，「年齢200歳」や「3歳の子が仕事をしている」，または「角のタバコ屋の売上が1000億円」というのは記入誤りの可能性が高いので，これも原則は回答者に確認，それができない場合は集計担当者の判断，どうしようもない場合は回答誤りとして集計から除くことになる．なお，回答誤りか否かの判断および誤りと判断した場合の修正方法については，担当者が各自の判断でやっていると全体の整合性がとれなくなるので，事前にマニュアルをきちんとまとめておくとともに，疑義が出た場合の判断や情報共有体制を整えておく必要がある．

なお，記入漏れや記入誤りに対して，推定値によってデータを埋める (**補完**する) という手法をとることもある．推定の方法にはいろいろあって，

- 平均値を使う (層化抽出の場合は，層の平均を使うのが一般的)
- 毎年やっている調査では，前年調査の結果を使う
- 回帰モデルを使う (企業の売上高の調査で，従業者数はわかっている場合など)

などがあるが，本書の範囲を超えるので，ここでは詳しい説明は割愛する．

コーディングは，4.1節でも簡単にふれたが，言葉で回答してもらったものを符号に置き換える「符号付け」のことである．勤め先や職業を言葉 (「○○大学教授」など) で記入してもらい，それを産業分類コードや職業分類コードに変換するのが代表的であるが，「○○についてどう思いますか」という自由記述欄の内容を分類して符号をつける，というのもあるだろう．ただ，コーディングは難しいところが多く，判断に悩む場合をどう分類するか，一種のスキルとなっていることも多い．基本的には，これもできるだけマニュアル化して事前に準備するのに加えて，疑義が出てきたときに具体的にどう処理したかを記録し担当者間で共有する (さらに，後述するが，コードブックという形で後進のためにまとめておく) ことが必要となる．

データチェックとコーディングが終わったら，データ入力を行う．専門のソ

フトウェアを使うこともあるが，最近では Excel などの表計算ソフトでほとんどの集計ができてしまうし他の統計解析ソフトでも読み込めるので，表計算ソフトに入力するのが一般的であろう．これも，一人でやっていると入力間違いが往々にして起こるので，できれば 2 人で別々にやってダブルチェックをかけることが望ましい．

　その他，入力に際して気をつけるべき点を列挙しておく．

変数名の付け方

　アンケート用紙そのものには変数名が付いていないのでわかりやすく変数名を付ける必要がある．たとえば，問 1 をそのまま問 1 とするのか q1 とするのか，枝番は q1_1 とするのか q1a とするのか，さらには gender というように内容を表すものにするのか，さまざまな選択肢がある．多くは問いの番号順に入力を行うので問番号をそのまま変数名とする場合が多い．

無回答・非該当コードの指定

　回答するべきところに回答がない場合を「無回答」，回答するべきではない場合を「非該当」として，質問票にない数字を特別に割り当てることがある．このような場合は空欄にするというのも 1 つの方法であるが，何が無回答で何が非該当かを区別するために，たとえば「無回答」を 99999 に，「非該当」を 88888 として入力してもらうという方法がある．なお，桁数は任意でよいが，本来入力されるべき数字と同じ桁，もしくは 1 桁多い数字にしておくほうが無難である．

多項選択式の入力方法

　「当てはまるものをすべて選んでください」というような多項選択式の問いでは，1 つのセルに回答者が選択した数字をすべてカンマ区切りなどで入力するか，すべての選択肢について列をわけて，独立した変数として入力するかいくつか方法がある．後者の場合であれば，選択していれば 1，選択していなければ 0 と入力するように指定するのが一般的である．

回答ミスへの対処

　回答ミスへの対処はすでに簡単にふれたが，いくつか例をあげると

- 5点尺度で尋ねた単一回答について2つ〇をしている，または尺度の間に〇をつけている.

  → 無回答コードを入力する.

    (なお，「集計対象をなるべく減らさない」「結果をなるべくはっきりさせたい」という観点から，矛盾しない内容であれば極端な数値のほうを選択して入力する，という方法をとることもある.)

- 回答するべきではない部分に回答している.

  → 該当する質問項目の前後をチェックして，無回答として処理する.

なおこれらの判断について，実際には調査票の全体を見渡して前後の情報から妥当性が高いものを選ぶべきである.

欄外への記入

調査票の欄外にはたまにコメントが記入されていることがある. たとえば，調査票の質問に対する疑義や，選択肢が選べないといったクレームである. 質問紙調査は複雑な意識や行動についても，単純な文言で尋ねる必要があるという制約があるため，このような反応があることは避けられない. 内容によっては解釈のときに使用できる有用な情報も含まれていることもあるので，欄外への記入があれば，付箋をはってもらうといった指定を入力担当者にすることもある.

9.2 集計

データ入力が終わったら，データの集計である. なお，データチェックを行っただけのデータでは，通常，分析には耐えず，異常値がないかなどのチェックも行う必要がある. 異常値チェックはいったんデータを入力してみて仮集計やヒストグラムの描画などをやってみたほうが楽である.

簡単な集計

まず，簡単な集計として，

- 選択肢のどの項目を何人 (または何社) が選んだか
- 自由記述欄では，どのような回答を何人 (何社) がしたか

という数字を集計する.

金額などの連続的なデータの場合は，

- 適当な区切りをつけて度数分布表をつくる (ヒストグラムを描く)
- 平均値や四分位値，最大値，最小値，標準偏差などを計算する

といった集計を行う．特に金額データの場合は，桁ずれなどがないか，度数分布表や最大値，最小値を使ってチェックすることが大事である．

もう少し複雑な集計としては，**クロス集計**がある．これは，分類項目が 2 つ以上ある場合に，それぞれをタテ・ヨコに並べて整理した表であり，表 9.1 のような形をしている．

表の左側に書いてある項目 (表 9.1 では性別と年齢階級) を表側，上側に書いてある項目 (表 9.1 では商品 A の支持/不支持) を表頭という．表 9.1 の例では表側に 2 項目，表頭に 1 項目を使っているが，この個数は (表がみやすい限りにおいて) 自由に選択できるし，それ以外にも，欄外に選択項目を設けて，クロス表を何枚か作ることもできる．

表 9.1 クロス集計表の例

性別	年齢階級	商品 A を支持	不支持	計
男性	～14 歳	40	60	100
	15～64 歳	150	150	300
	65 歳～	120	80	200
	計	310	290	600
女性	～14 歳	70	30	100
	15～64 歳	200	100	300
	65 歳～	80	120	200
	計	350	250	600
	計	660	540	1200

また，表に入る数字も，ナマの数字ではなく比率 (%) にすることもある．比率としては，①タテ方向の合計を 100％として計算するもの，②ヨコ方向の合計を 100％として計算するもの，③タテヨコ総計を 100％として計算するもの，の 3 通りがあるが，分析の目的に合わせて使い分ければよい．

データチェックにおいては，クロス集計表を使って，通常はありえない項目の組合せ (たとえば，「14 歳以下」「職業あり」) のところに数字が入っていない

かなどをチェックすることになる.

9.3 母集団推定 (ウェイトバック集計)

単純無作為抽出調査や母集団が明確でない調査 (街頭インタビューなど) の場合は単純に人数カウントなどを行って集計すればよいのだが, 層化抽出や多段抽出を行った標本調査においては, 抽出率の違いを補正した集計を行わないと結果がゆがんでしまう. 抽出率の違いを補正して「母集団ではいくらと推定されるか」という推定を行うものを, 母集団推定またはウェイトバック集計という.

母集団推定の方法は, 基本的にはそんなに難しいものではない. 第 6 章でも計算したように, 母平均の推定量は各対象の観測値の加重平均として計算され, そのウェイトは抽出率の逆数を母集団サイズで割ったものになるのであった. 母集団推定といっても「きちんとウェイトを考慮して加重平均を計算する」というだけのことである.

ただし, このウェイトは抽出層および抽出段ごとに違うから, 実際の計算では一番下位の抽出段から積み上げて計算していかなくてはならない. また, 通常は調査票が回収できなかったものやデータチェックの結果で誤りと判断されて集計から除外されるものがあるので, それらは一番下位の抽出段ごとにウェイトを作る段階で反映しなくてはならない. 数式にするとややこしいが, 要は,

- 平均の推定値に対し, まずはサイズを掛け算して合計の推定値に直し,
- 次に抽出率の逆数を掛け算して母集団の合計の推定値にし,
- 最後にサイズで割って平均にする

ということを各段階でやればよい.

たとえば, 図 9.1 の層化 2 段抽出の場合の個体 ijk のウェイトは次のように計算される.

① まず, 集落 ij 内の単純無作為抽出では, 各個体のウェイトはすべて等しく, $\dfrac{1}{n_{ij}}$ となる. ここでの n_{ij} は, 標本設計時のサンプルサイズではなく, 回収できなかったり記入不備があったりして集計に使えないものを除いた, 集計対象の個体の数である.

平均を求めるのに n_{ij} で割るというのは至極当然だが, 先ほど述べた 3

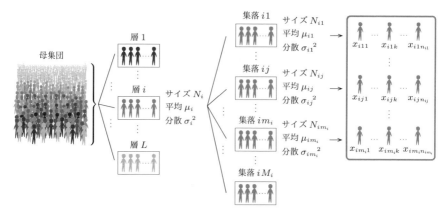

図 9.1　層化 2 段抽出でのウェイトバック集計

ステップに分解して考えると，まず合計に戻すところは 1 のままで，次に抽出率 $\dfrac{n_{ij}}{N_{ij}}$ の逆数をかけ，最後に全体のサイズ N_{ij} で割る，という計算をすれば $\dfrac{1}{n_{ij}}$ になる．

② 次に，層 i 内の集落 ij のウェイトは，

- 集落を単純無作為抽出していれば $N_{ij} \times \dfrac{M_i}{m_i} \times \dfrac{1}{N_i} = \dfrac{M_i N_{ij}}{m_i N_i}$

これは，まず集落 ij の平均に N_{ij} を乗じて合計にし，それに抽出率の逆数 $\dfrac{M_i}{m_i}$ を乗じて層 i 全体の合計にし，最後に層 i のサイズで割って平均を求める，ということと対応している．

- 集落を確率比例抽出していれば $N_{ij} \times \dfrac{N_i}{m_i \times N_{ij}} \times \dfrac{1}{N_i} = \dfrac{1}{m_i}$

これは，上記の計算で抽出率の逆数のところを $\dfrac{N_i}{m_i \times N_{ij}}$ とすることにより得られる．

③ 層化のところでは，層 i のウェイトは $\dfrac{N_i}{N}$

これも加重平均を求めるときの一般的なウェイトだが，3 ステップで考えると，まず合計に戻すために N_i を掛け，次に抽出率（といっても抽出していないので 1）の逆数をかけ，最後に全体のサイズ N で割ると同じ答

えになる.

個体 ijk のウェイトは, ①×②×③で求められる. これが 6.2.8 項の結果と一致することを確かめてほしい. 複雑な標本抽出でも, 分解して考えれば, 層化・多段抽出・確率比例抽出・単純無作為抽出などの組み合わせなので, 上記の結果を適宜組み合わせる (掛け合わせる) ことによりウェイトを求めることができる.

ウェイトの補正：比推定

数学的にはこのようなウェイトの計算方法でも正しいのだが, 実務上では困ったことが起きることがある. 代表的なのが, ①母集団サイズがわからないのでウェイトが計算できない, ②ウェイトの合計が 1 にならない, というものである. これらへの対処方法は実は同じで,「ウェイトの合計が 1 になるように母集団サイズを逆算する」というものになる.

①の「母集団サイズがわからない」というのは, たとえば 2 段抽出で最初に集落を単純無作為抽出する場合に抽出しなかった集落の名簿を入手しなかったときなどに起こる. その場合, 抽出しなかった集落のサイズがわからず, したがって母集団全体のサイズがわからないので, 逆にウェイトの合計が 1 になるように母集団サイズを逆算する. 実際に計算してみると, これは, 抽出した集落サイズの平均に全集落数を掛け算したものに等しくなる.

②の「ウェイトの合計が 1 にならない」というのも, たとえば 2 段抽出で最初に集落を単純無作為抽出する場合に, たまたまサイズの小さい集落ばかり選ばれたときなどに起きる.「数学的には不偏推定量です」と言い張ってもいいのだが,「では, すべてのデータが 10 万円であって母平均の推定値が 11 万円になるのか」といわれて説明に窮することになる. この場合もウェイトの合計が 1 になるように母集団サイズを逆算すると, すべての個体のウェイトに一定率をかける (たとえばウェイト合計が 1.1 になってしまった場合はすべてのウェイトを 1.1 で割る) ことで補正する.

ここまで読むと「ずいぶんご都合主義だな」と思うかもしれないが, これにはちゃんと学問的根拠がある. 6.3 節で紹介した「比推定」である. 変数 x の母平均を推定する場合, x の値が各個体であまり変動がなければ (すなわち, 常に

1という値をとる変数 y と比例関係が強ければ) 比推定は精度のよい推定値になる．この比推定値は

$$\frac{\sum(\text{ウェイト} \times x_i)}{\sum(\text{ウェイト} \times 1)} = \frac{\sum(\text{ウェイト} \times x_i)}{\text{ウェイト合計}}$$

となるからである．なお，このようなウェイトの補正は，最後にまとめてやるのではなく，ウェイト合計が1とずれた段階でこまめにやったほうが全体の精度がよくなる．たとえば，層化2段抽出で1段目の集落の抽出を単純無作為抽出にするとウェイト合計が1ではなくなるのだが，補正は最後に行うのではなく集落の抽出の段で行うべきである．このように，実務上はウェイト合計が1になるように補正したうえで，報告書には「比推定用のウェイトを用いて推定した」と書いておけばよい．

例題 9.1 ある市でアンケート調査を実施するため，2段抽出法で標本抽出を行った．まず市全体を10の集落に分け，そのなかから単純無作為抽出で2つの集落 A, B を抽出した．集落 A のサイズは1000人でそのなかから100人を単純無作為抽出して調査，集落 B のサイズは1500人でそのなかから100人を単純無作為抽出して調査した．

(1) 比推定のための母集団サイズを求めよ．

(2) 集落 A, B それぞれの集計ウェイトを求めよ．

(3) 各個体の集計ウェイトを求めよ．

(4) 集落 A で無回答があり，90人からしか回答が得られなかった場合は，集計ウェイトはどうなるか．なお，無回答は特定の層に偏ったものではなく，まんべんなく発生したとする．

解答 (1) 母集団サイズを N，集落 A, B のサイズをそれぞれ N_A, N_B，全体の集落数を M，抽出集落数を m とすると，集落 A のウェイトは $\dfrac{M \cdot N_A}{m \cdot N}$，集落 B のウェイトは $\dfrac{M \cdot N_B}{m \cdot N}$ となる．

比推定用の母集団サイズは，ウェイトの合計が1になるように逆算す

ればよいので，

$$\frac{M \cdot N_A}{m \cdot N} + \frac{M \cdot N_B}{m \cdot N} = 1$$

これから N を求めると

$$N = M \times \frac{N_A + N_B}{m} = 10 \times \frac{1000 + 1500}{2} = 12500$$

(2) 集落 A のウェイトは $\frac{M \cdot N_A}{m \cdot N} = \frac{10 \cdot 1000}{2 \cdot 12500} = \frac{2}{5}$，集落 B のウェイトは $\frac{M \cdot N_B}{m \cdot N} = \frac{10 \cdot 1500}{2 \cdot 12500} = \frac{3}{5}$

補足 実は，上の計算過程をたどってみると，各集落のウェイトは，ウェイト合計 1 を集落サイズの比 $N_A : N_B = 1000 : 1500 = 2 : 3$ で按分したものになっている．そのことを知っていれば，わざわざ (1) のように母集団サイズを計算しなくても，集落のウェイトが計算できる．

(3) 2 段目の個体抽出に関するウェイトは，集落 A，B ともに $\frac{1}{100}$ なので，

集落 A から抽出された個体のウェイトは $\frac{2}{5} \times \frac{1}{100} = \frac{1}{250}$

集落 B から抽出された個体のウェイトは $\frac{3}{5} \times \frac{1}{100} = \frac{3}{500}$

(4) 集落 A では 2 段目の個体抽出に関するウェイトが $\frac{1}{90}$ となるので，ウェイトは $\frac{2}{5} \times \frac{1}{90} = \frac{1}{225}$，集落 B から抽出された個体のウェイトは (3) と同じく $\frac{3}{500}$．

9.4 表計算ソフトの利用 — ピボットテーブルなど

ここでは，代表的な表計算ソフトであるマイクロソフト社の Excel を使って単純集計表やクロス集計表の作成方法を紹介する (本書では，Excel2016 を使用している).

利用するデータは，独立行政法人統計センターが提供している「一般用ミクロデータ」[1] のうち，総務省統計局「全国消費実態調査 (平成 21 年)，十大費目 (全世帯)」のデータである．これは，総務省統計局が実施した調査の結果をもと

---

[1] https://www.nstac.go.jp/services/ippan-microdata.html

に，変数の特性が再現されるように疑似的に発生させた変数から作成されたもので，利用規約に同意してウェブ上で利用者情報および利用目的を選択すれば，誰でも自由に利用可能である.

　今回利用するデータはレコード数 (標本サイズ) が約5万あるのだが，この程度であればExcelで普通に集計，分析が可能である.

　データは図9.2のような形で収録されている.なお，元のデータでは変数名がすべて英語表記なのだが，ここではわかりやすくするために，変数名を日本語表記に直している.また，別ファイルで各変数の内容が何で，どのような符号付けをしているかという**符号表**も掲載されている (図9.3).

3大都市圏	世帯人員	就業人員	住宅所有	就業・非就業	年齢階級	年齢階級①	集計用乗率	年間収入	消費支出	食料
1	2	1	1	1	1	1	895.266667	3916.561	201649.2	47755.7
1	2	1	1	1	1	1	895.266667	6675.049	166380.8	34053.58
1	2	1	1	1	1	1	895.266667	2789.518	114511.2	41663.87
1	2	1	1	1	1	1	895.266667	3451.721	152109	34924.33
1	2	1	1	1	1	1	895.266667	9251.54	192438.6	68882.2
1	2	1	1	1	1	1	895.266667	2359.214	138415	53590.89
1	2	1	1	1	1	1	895.266667	2576.73	193505.1	56980.74
1	2	1	1	1	1	1	895.266667	4523.831	241538.8	104432.8
1	2	1	1	1	1	1	895.266667	4414.936	207853.5	95504.31
1	2	1	1	1	1	1	895.266667	16646.55	219935.2	81572.3
1	2	1	1	1	1	1	895.266667	3232.927	136900	49955.75
1	2	1	1	1	1	1	895.266667	6705.852	259735.6	84501.15
1	2	1	1	1	1	1	895.266667	4162.305	185110.2	59798.02
1	2	1	1	1	1	1	895.266667	2058.7	79179.5	32852.96
1	2	1	1	1	1	1	895.266667	2324.465	243834.6	60527.54

図 9.2　ミクロデータ

出所： 一般用ミクロデータ「平成21年全国消費実態調査 (総務省統計局)」を加工して作成

ピボットテーブルの作成

　Excelのメニューの「挿入」のところに「ピボットテーブル」があるので，それをクリックすると図9.4のようなメニューが出てくる.

政府統計コード	00200564				実施時期		作成日		2016/3/30
統計調査名	平成21年全国消費実態調査				集計区分	全世帯(二人以上の世帯	ファイル名		
調査票名	一般用ミクロデータ(十大費目)				(備考・補足事項)			(照会先等)	
コード体系	Shift JIS								
項目総数		20							
文字列引用符									

行番号	項目名	階層	項目番号	型	種別	変数名	符号	符号内容
1	3大都市圏か否か	1	1			3City	1	3大都市圏
2							0	3大都市圏以外
3	世帯人員	1	2			T_SeJinin	2	2人
4							3	3人以上
5	就業人員	1	3			T_SyuJinin	1	1人以下
6							2	2人以上
7	住宅の所有関係	1	4			T_JuSyoyu	1	持ち家
8							2	借家・借間
9	就業・非就業の別	1	5			T_Syuhi	1	就業
10							2	非就業
11	年齢階級2	1	6			T_Age_5s	1	(就業者)30歳未満
12							2	(就業者)30~34歳
13							3	(就業者)35~39歳
14							4	(就業者)40~44歳
15							5	(就業者)45~49歳
16							6	(就業者)50~54歳
17							7	(就業者)55~59歳
18							8	(就業者)60~64歳
19							9	(就業者)65歳以上
20							0	就業者以外
21	年齢階級1	1	7			T_Age_65	1	65歳未満
22							2	65歳以上
23	集計用乗率	1	8	2		Weight	0~	集計用乗率
24	年間収入	1	9			Y_Income	0~	単位:千円
25	消費支出	1	10			L_Expenditure	0~	単位:円
26	食料	1	11			Food	0~	単位:円
27	住居	1	12			Housing	0~	単位:円
28	光熱・水道	1	13			LFW	0~	単位:円

図 9.3　一般用ミクロデータの符号表

図 9.4　ピボットテーブルの作成 (1)

OKボタンを押すと新規ワークシートに移り，図9.5のようなボックスが出てくるので，クロス集計表の行と列，集計する項目，欄外項目をドラッグ&ドロップで指定する．なお，集計項目は，例では年間収入の平均値としたが，右側の▼を押して「値フィールドの設定」を選ぶことにより，個数や合計値，最大，最小に切り替えることができる．

結果が図9.6だが，年齢階級6(符号表をみると「就業者　50〜54歳」に該当)かつ住宅所有1(持ち家)が，もっとも年間収入が多く8,745千円であることがわかる．欄

図9.5　ピボットテーブルの作成(2)

外の就業人員や3大都市か否かも，切り替え可能である．なお，図9.5のところで行を指定しないと，クロス集計表ではない，単純集計表が作成できる．

就業人員	(すべて)		
3大都市圏	(すべて)		
平均 / 年間収入	列ラベル		
行ラベル		1	2 総計
0		4,275	3,022　4,153
1		4,770	4,165　4,331
2		5,613	5,234　5,416
3		6,389	5,448　6,067
4		7,354	5,869　6,970
5		8,277	6,073　7,863
6		8,745	6,618　8,485
7		8,628	5,823　8,367
8		6,917	4,878　6,754
9		7,055	5,212　6,946
総計		6,672	5,144　6,402

図9.6　ピボットテーブルの結果(1)

度数分布表の作成と階級別の集計

 クロス集計表ができれば，調査結果の集計のほとんどはできてしまうのだが，度数分布表と階級別集計についてふれておく．ここで利用しているデータでは各世帯の年間収入と支出などがまとめられているので，「年間収入の階級別に，世帯数や消費支出を集計したい」ということもあるだろう．

 そのためには，まず，図 9.5 のピボットテーブルのフィールド指定のところで，行に年間収入を指定してテーブルを作成する．すると図 9.7 のようなテーブルができるので，数値を 1 カ所指定して (図 9.7 だと A9 のセル) 右クリックするとメニューが表示される．ここで「グループ化」を選ぶと図 9.8 のようなボックスが出てくるので，指示に従って度数分布表の先頭の値，末尾の値，単位を指定すると，図 9.9 の度数分布表ができる．

図 9.7 ピボットテーブルでの度数分布表の作成 (1)

 結果が図 9.9 である．ピボットテーブルのフィールドの指定 (図 9.5) のところで「個数/年間収入」を指定すると度数分布表ができるが，それ以外に「平均/消費支出」を指定してみた．

 年収 400 万円〜600 万円の世帯が最も多いことや，年間収入の高い階層ほど

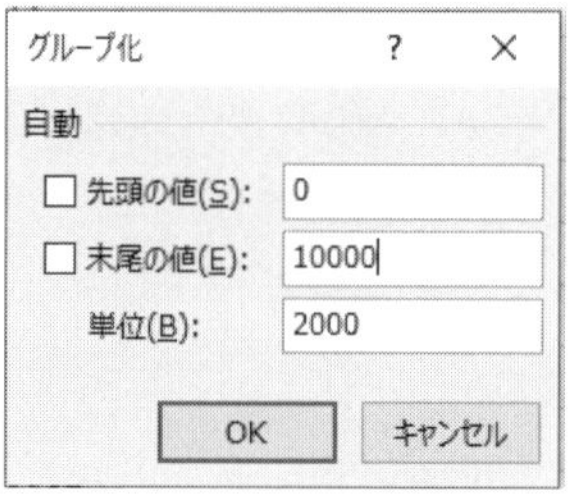

図 9.8　ピボットテーブルでの度数分布表の作成 (2)

行ラベル ▾	個数 / 年間収入	平均 / 消費支出
0-2000	1525	174,004
2000-4000	11296	221,897
4000-6000	12953	272,689
6000-8000	8621	319,991
8000-10000	5025	360,957
>10000	6391	436,911
総計	45811	298,374

図 9.9　ピボットテーブルでの度数分布表の作成 (3)

消費支出も高いことがわかる.

集計用乗率の利用 (ウェイトバック集計)

　ここで利用している「全国消費実態調査」は，層化 2 段抽出を行っているので，「集計用乗率」というものが各レコードについている. これは各レコードの抽出率の逆数で，この乗率倍して足し算すれば母集団推定になる (ただし，この集計用乗率は，合計すると母集団サイズに等しくなるように計算されているので，母平均などを求めるには足し算した結果を母集団サイズで割る必要がある).

　このためには，元々のデータに「年間収入 × 集計用乗率」，「消費支出 × 集計用乗率」などの変数を追加して，これまでと同様にピボットテーブルを作成する. 集計値のところに「合計/集計用乗率」,「合計/年間収入 × 集計用乗率」,「合計/消費支出 × 集計用乗率」などを指定して図 9.9 と同様にテーブルを作成したのが図 9.10 である. 「合計/集計用乗率」が，その階級に含まれる世帯数 (母集団での世帯数の推定値) なので，これで「合計/年間収入 × 集計用乗率」,「合計/消費支出 × 集計用乗率」を割れば，1 世帯平均の年間収入や消費支出が計算

できる．先ほどの図 9.9 と若干違う結果となったが，もちろん，図 9.10 のほう
が正しい (集計用乗率を反映した) 計算結果である．

このデータには「基本数」として，世帯数 31,761,998 世帯，年間収入 (全体
の平均) 6,413 千円，消費支出 (全体の平均) 299,396 円などが参考として掲げら
れている．図 9.10 の結果と一致することを確認しておこう．

行ラベル	合計 / 集計用乗率	合計 / 年間収入 * 乗率	合計 / 消費支出 * 乗率	年間収入	消費支出
0-2000	1,077,828	1729709558	1.88394E+11	1,605	174,790
2000-4000	7,823,716	24404677695	1.74679E+12	3,119	223,268
4000-6000	8,955,144	44385153169	2.45258E+12	4,956	273,874
6000-8000	5,956,996	41241046263	1.90962E+12	6,923	320,568
8000-10000	3,478,545	30984071910	1.25805E+12	8,907	361,661
>10000	4,469,770	60939663465	1.95398E+12	13,634	437,154
総計	31,761,998	2.03684E+11	9.50942E+12	6,413	299,396

図 9.10 集計用乗率を使った集計

回帰分析

Excel を使うと，簡単な回帰分析も行うことができる．たとえば，図 9.2 のミ
クロデータで，(年間収入を 12 で割って月間に換算したうえで) 月間収入 Y_i を
説明変数，消費支出 C_i を目的変数として回帰式を求めると

$$C_i = 172520 + 0.236Y_i + e_i, \quad \overline{R}^2 = 0.206$$

という回帰式が推定できる．ここで，e_i は誤差項，$\overline{R}^2$ は自由度修正済み決定係
数である．回帰分析については，たとえば本シリーズの『データサイエンス入
門』を参照されたい．

9.5 結果のとりまとめ

すでに述べたように，データのチェック，コーディングの次にデータ入力を
行い，仮集計表を作って，外れ値がないかなどを確認する．おかしなところが
あれば修正し，修正しきれないものはエラーデータとして集計から除外するこ
とによって，集計用データセットが完成する．

あとは，これを使って分析し，結果のとりまとめを行うことになる．

分析は，当初の計画に沿って仮説の検証や新たな知見の発見を行うことにな
る．分析手法はケースバイケースなので，ここですべてを述べることはできな

い．適宜，統計分析の専門書を参照してほしい．

　結果をまとめる際には，自分が分析したかった内容についてだけでなく，基本的な集計値，さらには

- 実施した調査に関するそもそもの調査企画や標本設計
- 用いた調査票
- 実地調査の方法などの調査プロセス
- 分類コード (符号) 体系

といった「データに関するデータ」(**メタデータ**という) についてもまとめ，調査報告書に記載する．報告書の読者は，そういったメタデータをみて，この調査がどの程度信頼できるかを判断するので，それらが書かれていない調査はハナから信用されない．

　また，実施した調査についての詳細な記録はコードブックとしてまとめておく．コードブックは，狭い意味では，第 4 章でふれたように，言葉で回答してもらった箇所や無回答，非該当などにどういうコード付けをしたかを記録しておくものである．しかし最近では，上で述べたメタデータなども含めた調査概要や単純集計表などが詳細に記載された書籍を指すことが多い．「コードブックを読めば同じ調査および集計結果が再現できる」ことが理想である．

　集計・分析に利用した個票データは，集計用乗率などのデータとともに，きちんと保存しておく．結果に関する疑義や検証の必要が示されたときに困らないようにするため，また，新たに別の分析を行うときにもこれらデータが必要となるからである．

　データアーカイブについては第 1 章でもふれたが，社会調査は費用も手間もかかる上に，回答者を含めた関係者の努力の産物なので，商業ベースで実施し社外不公表のような場合を除いては，再利用可能な形で個票データを寄託してほしい．調査の結果は公共財産なのである．

章 末 問 題

9-1   本文でも引用した「全国消費実態調査」一般用ミクロデータを使って，集
　　　計用乗率を使ったうえでの，年齢階級別の消費支出 (食料，住居など) の平均
　　　値を計算せよ．さらに，年齢階級別および年間収入階級別の世帯数のクロス
　　　集計表を作れ．

9-2   次の場合に，集計ウェイトを求めよ．

　(1)　人口 2 万人の市で住民対象のアンケート調査を実施した．市を 10 の集落
　　　に分け，そのなかから 3 集落 A，B および C を単純無作為抽出した．集
　　　落 A の人口は 2000 人でそのうち 250 人を単純無作為抽出し 200 人から
　　　回答，集落 B の人口は 1000 人でそのうち 100 人を単純無作為抽出し全
　　　員から回答，集落 C の人口は 1000 人でそのうち 150 人を単純無作為抽
　　　出し 100 人から回答を得た．

　(2)　(1) と同じ状況で，ただし集落の抽出が集落サイズに比例した確率比例抽
　　　出であった場合はどうか．

9-3   ある市で事業所対象のアンケート調査を行うのに，事業所規模別に層化
　　　抽出を行った．大規模事業所，中規模事業所，小規模事業所の 3 つの層に分
　　　け，大規模事業所は全部で 10 あったので全数調査，中規模事業所は 90 あっ
　　　たので 20 事業所を単純無作為抽出，小規模事業所は 900 あったので 200 事
　　　業所を単純無作為抽出した．このとき，1 事業所あたり平均値を推定するた
　　　めの集計ウェイトを求めよ．

9-4   データ補完の方法としてどのようなものがあるか，調べよ．

9-5   第 12 章で紹介するデータアーカイブを使って，実際の調査報告書にどの
　　　ようなことが記載されているか調べよ．

第 *10* 章

文献調査

10.1 社会調査と文献調査

　社会調査は社会事象を明らかにするものである，と第1章で述べたが，知りたいからといってなんでもかんでも調査をすればよい，ということにはならない．特に近年では，「アンケート」に手軽なイメージがあることから，TV番組や雑誌，Web上の記事ではずさんな調査が散見される．

　そのような調査をしないためにも，自分が知りたい社会現象に対して，現時点で何がわかっていて，何がわかっていないのか，調査をする前に既存の調査結果を調べることが必要である．このことを**文献調査**あるいは先行研究の検討とよぶ．つまりすでに同じような調査が行われているのであれば，わざわざ自分の労力を割いてまで，ましてや他人の時間を奪ってまで調査をする必要はない．

　文献調査には大きく分けて3つのメリットがあると考えられる．第一に調査対象の明確化である．漠然と調査対象の事について考えていても，調査対象にはさまざまな側面がある．たとえばLGBTQ (Lesbian, Gay, Bisexual, Transgender, Questioning の頭文字で性的マイノリティのことを指す用語) に対する関心があったとしよう．しかしLGBTQと一口にいってもそれぞれのカテゴリでは抱えている問題が異なる．調査する対象については当事者，家族や親しい友人，あるいは第三者といった個人だけでなく，当事者団体，支援団体，当事者の家族会などの団体など，さまざまな選択肢がある．調査項目についても政治意識，不安や心配事といった心理的側面なのか，性的指向のカミングアウトや社会運動への参加といった行動的側面なのか．地域別の差異や歴史的な

経緯など，可能性は無限である．このとき，先行研究を読むことによって，漠然とした関心が絞れるので，調査対象や調査項目を明確化することができる．

　第二に調査課題の明確化である．関心がある調査対象については，すでに明らかになっていることもあるはずである．すでに明らかになっているのであれば，わざわざ調査を行う必然性がないし，誰かが実施した調査データを使用できるのであれば時間やお金を費やして調査するまでもなく，データを借りて二次分析をするという手もある (二次分析については第 12 章を参照)．先行研究を前提にして，自分はどのような調査を実施するべきか吟味することは，意義のある調査を行うためには重要なことである．

　第三に調査方法の明確化である．調査課題に対してアプローチの方法は決して 1 通りではない．質的調査と量的調査ではどちらが妥当な調査方法なのか，もし量的調査を選択する場合，どのような質問項目を作成すれば概念を正確に測定することができるか，調査対象者に接触するためには，どのようなプロセスを踏む必要があるのかなど，調査方法について参考になることは非常に多い．

　以上のことから，社会調査において，文献調査や先行研究の検討は必須の作業といってよいだろう．次節からはどのような方法で文献調査を行えばよいか，具体的にみていこう．

10.2　文献調査の方法 1：図書館や書店の利用
図書館

　漠然とでも調査のアイディアが浮かんできたら，まずは書籍にあたるのが文献調査の第一ステップだろう．図書館はそのなかでも安価に情報を集めることのできる，優れた社会インフラである．

　図書館のなかでは，都道府県立，市区町村立の図書館や学校附属図書館が最もなじみ深いかもしれないが，他にも専門性が高い専門図書館や，唯一の国立の図書館である国立国会図書館がある．特に国立国会図書館は，原則として日本で刊行された書籍がすべて収蔵されており，図書資料の収集と保存に特化している (なお東京本館が東京都千代田区永田町にあり，関西分館が京都府相楽郡精華町にある)．ただし，国立国会図書館はあらゆる書籍が保存されているが，

すべての資料が貸し出し，閲覧ができるとは限らない．とくに貸し出しは原則として図書館間貸出制度に加入申請し，承認を受けた別の図書館に対する貸し出しであり，その図書館でのみ閲覧が可能となる．よって自宅に持ち帰ることができないという制限がある．大学生の場合は基本的に大学付属の図書館にあたることになるだろう．

　大学付属図書館では，雑誌から専門書までその大学のニーズに応じた図書が数多く収蔵されている．たとえば，経済学部を有する大学では経済に関する本が，また社会学部を有する大学では社会学に関する本が多い．一方でこのような大学の図書館では，数学や物理学，生物学といった本の収蔵は少ないのが一般的である．しかし，あきらめないでほしい．大学付属図書館は多くの場合他大学との協定に基づいて，相互利用をすることができる．この申請をすることによって，1つの大学ではカバーしきれない領域の本も全国から取り寄せることが可能である．これには費用と日数がかかることが多いが，収蔵されている図書館が遠い場合，直接訪問する手間を考えるとはるかに安価に入手することができる．

　この相互利用サービス以外にも図書館は複写サービス，リファレンスサービス，電子ジャーナルの閲覧，映画や音楽といったデジタルコンテンツの利用など，さまざまなサービスを行っている．まずは自分が主に利用する図書館について徹底的に調べ，できることをきちんと把握することをお勧めしたい．

書店

　通常の図書館であれば，最新刊の収蔵には時間がかかる場合も多いだろう．よって話題の新刊書を手に入れるのであれば，書店を利用するのがよい．また，直接書店に足を運ぶことによって，思いもよらない書籍の出会いもある．そのことによって分析対象や分析課題が変わり，結果的によい調査に結び付く場合も少なくない．よって気になる調査対象がある場合，定期的に書店に足を運ぶことをお勧めしたい．もちろん，通常書店以外にも，「amazon.com」「紀伊国屋書店ウェブストア」「楽天ブックス」「Honya Club」など多くのオンライン書店がある．すでに欲しい新刊書が決まっている場合には，これらのオンライン書店を使用するのもよいだろう．

10.3　文献調査の方法 2：CiNii の利用

　これまで書籍に関する先行研究の調べ方を扱ってきたが，先行研究は論文の場合もある．論文は，研究者がある研究対象について分析した結果をまとめたものであるが，書籍は論文が複数まとめられている．

　論文を検索する方法にはいくつかあるが，本書では **CiNii Articles** を用いた方法と **Google scholar** を用いた方法を解説する．

　CiNii は Nii (National Institute of Informatics：国立情報学研究所) が提供しているインターネット上の検索サービスであり，論文，図書・雑誌や博士論文などの学術情報を検索できるデータベースである．そのなかでも論文に特化した検索サービスが CiNii Articles[1]である．

図 10.1　CiNii Articles のトップページ

　CiNii Articles の使い方は簡単である．気になるキーワードをトップページの検索ボックスに入力し，検索ボタンをクリックすれば，そのキーワードに関連する文献情報をすぐに取り出すことができる．なお，検索ボックスの下には「すべて」と「本文あり」という項目があり，デフォルトでは「すべて」が選択されているが，もし論文本体にアクセスできるものに限定したい場合は「本文あり」を選択するとよいだろう．

　ここで「幸福感」かつ「本文あり」と検索した結果の例をみてみよう．全部で 890 件の論文が CiNii から読むことができる．検索結果には，論文タイトル，著者，概要の一部，書誌情報そして論文へのリンクが示されている．また右上のボックスには「出版年：新しい順」となっているが，他にも「出版年：古い順」「タイトル：50 音順」「被引用件数：多い順」で並び替えることができる．被引用件数は，論文が別の論文に与えた影響を示すバロメーターでもある．よって，検索した論文のうち，影響力の高いものを参照したい場合は，「被引用件数：多

---

[1] https://ci.nii.ac.jp/

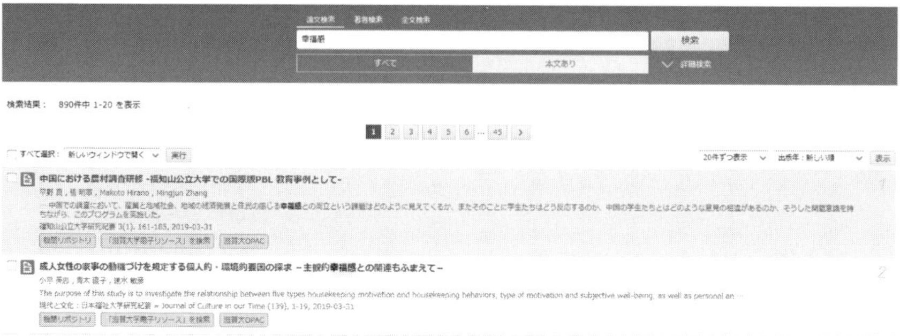

図 10.2　検索結果の例

い順」を選択するとよいだろう.

　他にも,「詳細検索」の機能を用いると, タイトル, 著者名, 刊行物名, ISSN (International Standard Serial Number, 国際標準逐次刊行物番号) など多くの検索項目が用意されている. より細かく検索をしたい場合は,「詳細検索」の機能を用いるとよいだろう.

10.4　文献調査の方法 3：Google Scholar の利用

　Google scholar[2)]は, Google 社が提供する学術情報に特化した検索サービスである. このサービスでは, ウェブ上に挙げられているすべての文献を検索できる. そのため, CiNii に比べて多くの文書が検索できるが, レイアウトのみやすさや情報のまとまりは CiNii のほうがみやすいと感じる人が多いかもしれない.

Google Scholar

図 10.3　Google Scholar のトップページ

　Google Scholar の検索方法も簡単である. トップページの検索ボックスに興味のあるキーワードを入れて, 検索ボタン (ルーペの形) をクリックすると結果

---

2) https://scholar.google.co.jp/

が返される．なお，複数のキーワードを検索する場合は，スペースで区切るだけでよい．

図 10.4 は「幸福感　運動」と検索語を 2 ついれた結果について示している．引用数やその他の情報から関連度が高いと考えられる順番で表示される．上から論文タイトル，著者，書誌情報，概要の一部が表示されている．その下に★マーク，99 マーク，引用元，関連記事，全 3 バージョンなどと表記されている．★マークをチェックすると，文献マイライブラリに保存され，興味のある論文をストックすることができる (ただし使用には Google アカウントを作成する必要がある)．99 マークをクリックすると，引用するときの 3 つの書式設定 (MLA：Modern Language Association, APA：American Psychological Association, ISO690：国際標準化機構の標準) に従って引用情報をインポートすることができる．さらに，EndNote や BibTeX などの文献管理ソフト用のフォーマットも提供されている．「引用元」をクリックすると，当該論文を引用している文献情報を表示し，「関連記事」では関連性が高いと考えられる文献が検索できる．

図 10.4 検索結果の例

さらに「マイライブラリ」では収集した論文にラベルを付けて管理をすることができる．詳細は割愛するが，普段から興味のある論文を収集し，「マイライブラリ」を用いて論文を管理しておけば，いざ調査をはじめたいというときに，すぐに参考となる論文を取り出すことができるので，大変便利である．

以上のように，文献調査は，書籍の購入や相互利用だけでなく，論文の検索も重要である．特に論文は学術的な調査結果が簡潔に記述されているため，大いに参考にしてほしい．

10.5　文献調査のヒント

今回紹介したような検索サービスでも，質の高い，自分が求めている論文を常に引き出すためには，経験や工夫が必要である．先述した引用件数順にみるというのもその工夫の 1 つであるが，最後に「独立変数 (説明変数) と従属変数 (目的変数)」に着目した検索を紹介する．

社会調査の代表的な問いの形式に「○○が××に与える影響は何か」というものがある (もちろん社会調査の問いの形式はこれだけではない)．この○○にあたるのが独立変数であり，××にあたるのが従属変数である．単純化すると，独立変数と従属変数はそれぞれ原因と結果に対応していると考えてほしい．通常であれば，××のほうのみをキーワードにいれて検索しがちだが，同時に「どのような要因 (○○) が影響しているのか」もキーワードに入れるのである．たとえば，「運動習慣は幸福感に影響しているのだろうか」という問いであれば，キーワードは「運動　幸福感」となり，「幸福感」だけを入れるよりもより焦点が絞られた結果が返ってくるだろう．他にも「年齢　幸福感」であれば，人生を通じた幸福感の変化を明らかにする論文がみつかるだろうし，「人間関係　幸福感」であれば，人間関係の多寡や質が幸福感とどのように結びついているのか扱った論文がみつかるだろう．

文献検索の工夫は人それぞれであるが，日々文献検索に親しむことによって，自分なりの検索方法を開発してほしい．

章 末 問 題

10-1　調査をしたい対象と明らかにしたい問いを 1 つ作成し，論文検索によって，先行研究を探してみよ．

10-2　CiNii と Google Scholar で同じ内容で検索を行い，結果について比較せよ．

10-3　Google アカウントを作成し，論文を 5 本マイライブラリに登録し，ラベルをつけて文献の管理をせよ．

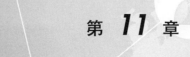

第 *11* 章

自由回答の分析

11.1　社会調査における自由回答

　量的社会調査では，基本的にはデータは数字であり，平均や分散などの計算を行うことで統計的に分析する．たとえば，ある行動を行った「理由・動機」について尋ねるような場合，人によってその「理由・動機」はさまざまであるため，複数の項目を用意したうえで，「以下のなかからあてはまるものを1つ選んでください」といった単項選択，あるいは「すべて選んでください」といった多項選択で尋ねたうえで，処理することが多い．このような尋ね方は集計が簡便であるという点，さらに被調査者の負担軽減という点で有効である．しかし，調査をする側の用意した項目が回答者の「理由・動機」を明らかにするために十分ではない場合や，調査票のレイアウトの都合で項目を網羅的に用意できないという場合は，現実を十分に明らかにすることができない．このようなとき，自由回答式を利用すれば，調査者が前もって予想もしていなかった回答を引き出すことができる．

　なお，選択式と自由回答式の違いについては，質問の内容によっては，回答の分布が大きく変わることも報告されている．たとえば，「仕事で何を最も重視しますか?」という質問を，選択式 (単項選択) と自由回答式で別々に尋ねたところ，「達成感」と答えた人が選択式では6割程度であったのに対して，自由回答式では2割程度という結果となったことが報告されている (より詳細な結果についてはサルガニック (瀧川裕貴他訳)『ビット・バイ・ビット—デジタル社会調査入門』(有斐閣，2019) を参照).

　このような自由回答は文字情報であり，そのままでは統計解析をすることが難しい．しかし，ある一定の手続きを経ることによって，統計的に処理することができるようになる．本章では，まず自由回答を分析するための簡易的な手法について解説し，さらに近年発達してきた「計量テキスト分析」(あるいはテキストマイニング) とよばれる手法について紹介する．

11.2　自由回答を分析する基本的な方法

　自由回答を分析する一般的な方法は**アフターコーディング**を行うことである．アフターコーディングとは，調査後に自由回答を類似している回答ごとにまとめ，あたかも選択式 (単項選択)，あるいは選択式 (多項選択) のようなデータを取ったかのように処理することである．

　たとえば，表 11.1 はある新商品の飲料 X を飲んでもらったあと，「あなたがこの飲料をよいと思った点について自由にお書きください」という質問で自由回答を求めた結果である．1 列目は ID，2 列目は性別，3 列目は年齢，4 列目は自由回答の内容，5 列目以降はアフターコーディング結果について示している．

表 11.1　ある飲料 X のよかった点に関する自由回答 (仮想例)

ID	性別	年齢	理由	炭酸	甘み	酸味	⋯
1	男	31	炭酸が刺激的でさわやかだと思った	1	0	0	⋯
2	女	20	甘みが上品だったように感じた	0	1	0	⋯
3	女	34	酸味と甘みのバランスがよかった	0	1	1	⋯
4	女	35	子どもの頃に飲んだような懐かしい味だった	0	0	0	⋯
5	男	48	甘すぎないところが飲みやすいと思います	0	1	0	⋯
6	男	35	香りが柑橘系だったところが	0	0	0	⋯
7	男	14	しゅわしゅわしているところ	1	0	0	⋯
8	女	22	甘ったるくなくてごくごくのめた	0	1	0	⋯
⋮	⋮	⋮	⋮	⋮	⋮	⋮	⋱

　このアフターコーディングは，自由回答をもとにして選択式 (多項選択) で入力を行っている．多項選択の入力の規則に基づき，よいと思った要素について言及していれば 1 を，していなければ 0 を入力している．このようにアフターコーディングを行うことによって，自由回答も，たとえば図 11.1 や表 11.2 のよ

うに可視化を行うことができるだろう (なお，この例のほかにも，単項選択のように，1：炭酸，2：甘みと酸味のバランス，3：懐かしい味 ··· というように，コーディングすることも可能である).

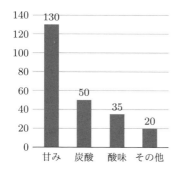

図 11.1　評価された点の分布 (仮想例)

表 11.2　性別にみた評価された点 (仮想例)

			甘み		
			言及	非言及	合計
男	人数		60	15	75
	割合		80％	20％	100％
女	人数		70	90	160
	割合		44％	56％	100％
合計	人数		130	105	235
	割合		55％	45％	100％

　このようにまとめると，自由回答をもとにした意見の分布を可視化できるだけでなく，性別や年齢といったその他の変数を利用してクロス集計や通常の多変量解析を行うといった統計的な処理ができる.

　ただしアフターコーディングは人が行うため，自由回答をどのようにコーディングするか基準がぶれる可能性もある. できるだけこのぶれを小さくするため，複数名で別々にコーディングを行い，その結果を照らし合わせて，解釈が異なるところについては協議を行ったうえで決定するなどの方法がとられることもある.

11.3　ソフトウェアを用いた分析：KH Coder の利用

　近年では，自由回答の分析について，計量テキスト分析，あるいはテキストマイニングという手法が発展しており，専用のフリーソフトが開発されている. ここでは，そのなかでも立命館大学の樋口耕一氏によって開発されている **KH Coder** について紹介する. なお，紙幅の関係上，使い方を網羅的に解説することはできないため，詳しい使い方については樋口 (2014)，あるいは KH Coder のチュートリアルを参照してほしい.

① KH Coder のダウンロード (2019 年 9 月現在の方法)

　ここでは OS として Windows を使用している人向けにダウンロードの方法を

解説する (なお Mac でも使用することはできるが方法についてはウェブサイト
を参照されたい).　KH Coder はウェブサイト (`http://khcoder.net`) から簡
単にダウンロードすることができる.　まずはトップページの「ダウンロードと
使い方」から「KH Coder 3(最新版) ダウンロード」をクリックする (図 11.2).

図 11.2　KH Coder のトップページ

　次に,「Windows 版パッケージ」の khcoder-3a17e.exe をクリックすると自
動的にファイルがダウンロードされる (図 11.3).

　ダウンロードするファイルはパソコンの仕様によっては「Windows によって
PC が保護されました」という警告文が出てくるが「詳細情報」をクリックして
「実行」を押すとインストール (解凍) の実行画面が出てくる.

　インストール (解凍) 先のフォルダを選択して (特にこだわりのない場合はデ
フォルトのままでよい),　Unzip をクリックすると自動的にインストールが始ま
る.　インストールが無事に終わると,　"10628file(s) unzipped sucesfully" とい
う表示が出てきて,　圧縮ファイルの解凍が終わる (図 11.4).

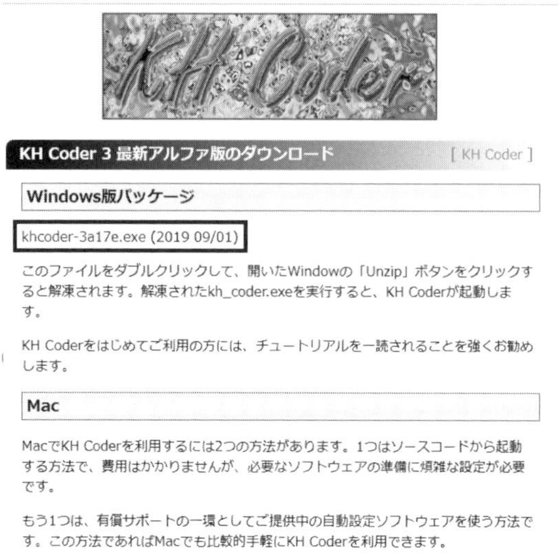

KH Coder 3 最新アルファ版のダウンロード　　　[KH Coder]

Windows版パッケージ

khcoder-3a17e.exe (2019 09/01)

このファイルをダブルクリックして、開いたWindowの「Unzip」ボタンをクリックすると解凍されます。解凍されたkh_coder.exeを実行すると、KH Coderが起動します。

KH Coderをはじめてご利用の方には、チュートリアルを一読されることを強くお勧めします。

Mac

MacでKH Coderを利用するには2つの方法があります。1つはソースコードから起動する方法で、費用はかかりませんが、必要なソフトウェアの準備に煩雑な設定が必要です。

もう1つは、有償サポートの一環としてご提供中の自動設定ソフトウェアを使う方法です。この方法であればMacでも比較的手軽にKH Coderを利用できます。

図 11.3　ファイルのダウンロード

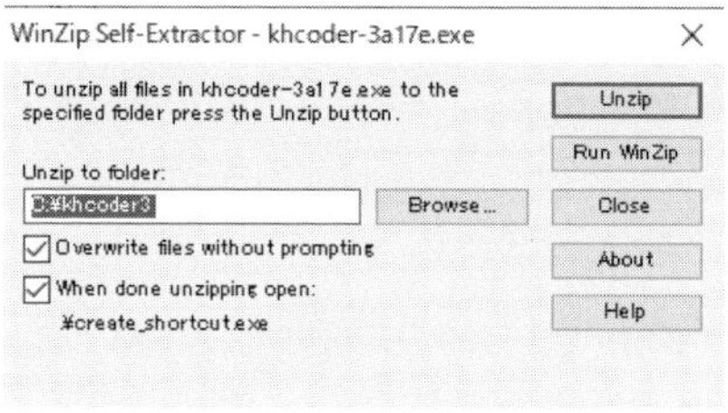

```
WinZip Self-Extractor - khcoder-3a17e.exe          ×

To unzip all files in khcoder-3a1 7e.exe to the        [ Unzip     ]
specified folder press the Unzip button.
                                                       [ Run WinZip ]
Unzip to folder:
C:\khcoder3                    [ Browse... ]          [ Close     ]
☑ Overwrite files without prompting                  [ About     ]
☑ When done unzipping open:
  \create_shortcut.exe                               [ Help      ]
```

図 11.4　圧縮ファイルの解凍

　デスクトップに KH Coder3 Folder というショートカットが自動的に生成されていることを確認し，クリックすると，なかに KH Coder やチュートリアルのファイルが収められているファイルが開く．このなかの kh_coder が KH Coder の本体なので，このファイルをダブルクリックすると KH Coder が立ち上がる．

② データの準備と前処理

　KH Coder を使った分析は目的に応じてデータの作り方が異なる．今回は最

名前	更新日時	種類	サイズ
config	2019/05/30 8:27	ファイル フォルダー	
dep	2019/09/09 16:26	ファイル フォルダー	
kh_lib	2019/03/15 11:49	ファイル フォルダー	
plugin_en	2019/03/15 11:49	ファイル フォルダー	
plugin_jp	2019/03/15 11:49	ファイル フォルダー	
screen	2019/03/15 11:49	ファイル フォルダー	
tutorial_en	2019/03/15 11:49	ファイル フォルダー	
tutorial_jp	2019/09/09 16:27	ファイル フォルダー	
create_shortcut	2018/07/23 17:01	アプリケーション	901 KB
kh_coder	2019/09/01 2:59	アプリケーション	13,861 KB
khcoder_manual	2019/05/23 10:34	PDF ファイル	3,416 KB
khcoder_manual_en	2017/08/03 15:24	PDF ファイル	1,415 KB
khcoder_tutorial	2019/05/07 15:51	PDF ファイル	3,059 KB
khcoder_tutorial_en	2019/04/11 4:26	PDF ファイル	4,863 KB
pos_tagger	2015/06/11 18:55	Windows バッチ ファ...	1 KB
Rgui	2015/06/11 18:55	Windows バッチ ファ...	1 KB
Rgui64	2015/06/11 18:55	Windows バッチ ファ...	1 KB
WinCha	2015/06/11 18:55	Windows バッチ ファ...	1 KB

図 11.5　圧縮ファイルの内容

も簡単な分析を行うため，任意のテキストデータをメモ帳などに入力して保存して分析する．もしそのようなデータがみつからない場合は，好きな歌手の歌詞をまとめたり，青空文庫[1]を参照して，好きな文学作品のテキストデータを使ったりするとよいだろう．本書では，ある有名歌手 M の歌約 100 曲の歌詞をまとめたファイルを用いて解説を行う．

　ファイルが用意できたら，まずは KH Coder にデータを読み込ませる．「プロジェクト」→「新規」を選択し (図 11.6)，「分析対象ファイル」の「参照」ボタンを押してから分析対象にするファイルを選択して OK をおす (図 11.7)．なお，一度開いたファイルは「プロジェクト」→「開く」から読み込むことができる．

　KH Coder では分析の前にデータの前処理というプロセスがある．この前処理では，形態素解析エンジン (MeCab や ChaSen) を使用して，文章を KH Coder の集計の単位に分解する．形態素解析をすることによってどのような単語が文のなかに含まれているか，カウントすることができる．形態素解析では，具体的には「この教科書は伊達と高田が共に書いた」という文を「この」「教科書」「は」「伊達」「と」「高田」「が」「共」「に」「書い」「た」に分割する．このように文を単語に分解するだけでなく，「書い」という「書く」の連用形を原形に変換したり，「五段活用動詞」「連用形」「イ音便」といった品詞の属性を付与

---

[1] http://aozora.gr.jp

図 11.7 データの選択画面

図 11.6 KH Coder の初期画面

したりすることも行われる.

　この前処理に先立って,「テキストのチェック」を実行すると, データに不備がないかチェックできる (図 11.8). ここで文字化けなどの不備が検出された場合は, 一度データに戻って編集をするか, 自動修正を行う必要がある.

　次に, 特別な言葉を拾ったり, 拾いたくない言葉があったりする場合は「語の取捨

図 11.8 前処理の画面

選択」より設定を行う. 語の取捨選択をしたい場合は,「語の取捨選択」をクリックすると図 11.9 のようなウィンドウが表示される. カウントする品詞 (左のチェックボックス) や強制抽出したい語 (中央の枠), 使用しない語の指定 (右の枠) があればこのウィンドウで指定を行っておく. この設定は後でやり直しができるので, とりあえずは何もしない結果をみてから後で行ってもよいだろう. 準備が整ったら「前処理の実行」をクリックすると前処理が完了する.

図 11.9　語の取捨選択画面

前処理が終わったら，図 11.10 のような画面が表示され，使用したテキストデータの簡単な特徴が Database Stats に表示される．ここで表示されている「総抽出語数」は分析対象ファイルに含まれているすべての語の延べ数を，「異なり語数」は何種類の語が含まれているかを示す数を示している．

図 11.10　前処理終了時の画面

③ 頻出語のカウント

データの前処理が終わると，まずは頻出語のカウントをするとよいだろう．「ツール」→「抽出語」→「抽出語リスト」の順番で選択すると，語の出現回数のランキングをみることができる (図 11.11)．ただし，デフォルトでは，助詞やいくつかの品詞が除外されているので，もしすべての言葉をカウントしたけ

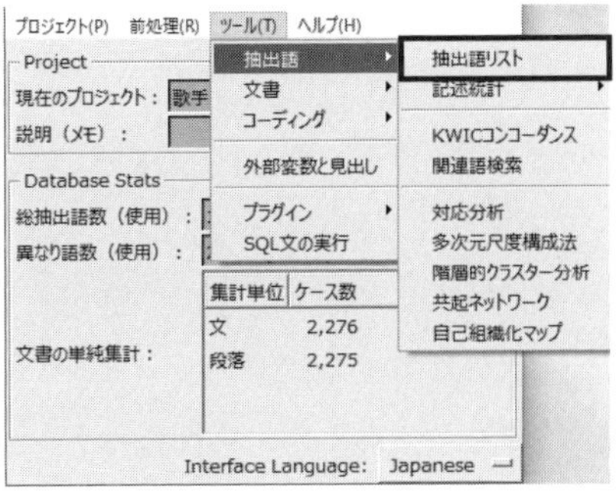

図 11.11　語の抽出画面

れば,「フィルタ設定」より「すべて」をクリックして「OK」を押せば,すべての語がカウントされる.図 11.12 はすべての言葉をカウントした結果を示している.

図 11.12 頻出後リスト

　Excel 出力を押すと,出力の方法を選ぶことができる.たとえば「抽出語リストの形式」は「品詞別」「頻出 150 語」「1 列」となっている.すべて試してみて,表示の方法を選べばよいが,たとえば,「1 列」を選んだ場合は,図 11.13 のように表示され,デフォルトで B1 セルにフィルターがかかっている.ここで「名詞」を示す言葉だけを抽出すると,名詞のランキングを作成することができる.なお表示例は形態素エンジンに ChaSen を使用しており,「名詞」は漢字を含む 2 文字以上の語,「名詞 C」は漢字 1 文字の語というように区別されている (表示はされていないが他にも「名詞 B」はひらがなのみの名詞,「サ変名詞」はサ変接続する名詞といった分類がある).

　使用されている言葉のランキングはテキストの内容を理解するうえで最も基本的なものである.自由回答のデータを分析するにあたって 11.2 節で紹介したようなコーディングも役に立つが,テキストデータの持っている豊富な情報量

を生かすのであれば，このような語句のランキングを作成するだけでも新しい発見があるだろう．さらに，実用的な観点からは，たとえば別の歌手のテキストを用意して，ランキングの違いをみると，作風の違いとして解釈することが可能である．

	A	B	C
1	抽出語	品詞	出現回数
2	ない	否定助動詞	212
3	する	動詞B	134
4	なる	動詞B	90
5	ぬ	否定助動詞	71
6	今	副詞可能	64
7	いる	動詞B	61
8	もう	副詞B	55
9	ない	形容詞B	51
10	YOU	未知語	47
11	もっと	副詞B	47
12	来る	動詞B	44
13	遠い	形容詞	39
14	心	名詞C	39
15	夢	名詞C	35
16	ずっと	副詞B	34
17	最後	名詞	32

	A	B	C
1	抽出語	品詞	出現回数
14	心	名詞C	39
15	夢	名詞C	35
17	最後	名詞C	32
18	人	名詞C	31
20	恋	名詞C	31
21	愛	名詞C	30
24	時	名詞C	30
25	空	名詞C	29
26	街	名詞C	28
27	雨	名詞C	27
38	風	名詞C	24
44	胸	名詞C	22
49	涙	名詞C	22
54	窓	名詞C	20
55	目	名詞C	20
56	友達	名詞	20

図 11.13　Excel への出力

④ 共起ネットワーク

共起ネットワークとは，単語が文や段落のなかで共に出現する関係性を可視化したものである．言葉の共起関係を直感的に理解することができるので，予想外な発見があるだろう．

図 11.14 は，歌手 M の歌詞の共起ネットワークである．円の大きさは単語の出現数，語と語の結びつきは共起関係を示している．この図をみる限りでは歌手 M の歌のなかでは，「I」と「love」と「you」は共起しやすい，「恋人」は「サンタクロース」と共起しやすい，「流れる」のは「涙」だけでなく「愛」であったりするという事が読み取れる (歌詞の分析についてはリフレインなどをどのようにカウントするか，分析の段落を曲ごとにするか，フレーズごとにするかといった条件で，共起関係が異なる可能性があることには注意してほしい)．

KH Coder で共起ネットワークを作成することができる．実際にやってみたほうが理解が進むので，手元にあるデータでやってみるとよい．「ツール」→「抽出語」→「共起ネットワーク」をクリックする (図 11.15) と，設定画面が表示される (図 11.16)．

そのまま OK を押しても結果が出るのでそれでもよいが，左側の設定では，

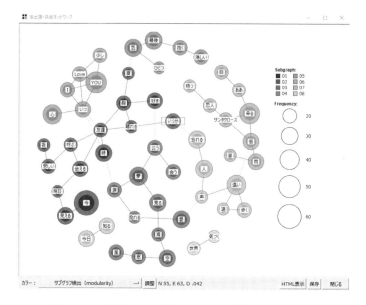

図 11.14　歌手 M の歌詞についての共起ネットワーク

図 11.15　共起ネットワーク選択画面

　分析対象を制限することができる．たとえば，出現する頻度が低い単語を除外したいときは，左のボックスの「最小出現数」の数値を変更したり，分析する品詞をあらかじめ限定しておきたい場合は，左のボックスの「品詞による語の取捨選択」から対象となる品詞のチェックを外したりしておく必要がある．

　右のボックスは共起ネットワークそのものの設定である．共起関係は線で表されるが，線が多いと図がみづらくなってしまう．そのようなときは「描画す

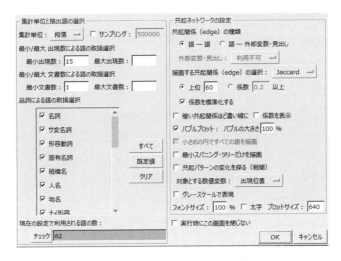

図 11.16 共起ネットワークの設定画面

る共起関係 (edge) の選択」を少なく調整することで，関係性の強い順に線を限定して表示することができる．

⑤ その他の機能

KH Coder は他にも対応分析，多次元尺度構成法，階層的クラスタ分析，自己組織化マップといった分析メニューがある．本書では紙幅の都合で割愛するが，KH Coder ファイル内に収録されているチュートリアルを参考にして動かしてみてほしい．KH Coder を利用した計量テキスト分析の本も多数販売されている．

11.4 応用事例の紹介

前節で紹介した KH Coder に関しては，ホームページで研究事例のリストを閲覧することができる．2020 年 3 月時点では 3504 件の分析事例が紹介されており，自分の興味のある分野について検索をしてみてほしい．なお，開発者の樋口氏による KH Coder を用いた論文のレビューについては樋口 (2017) を参照してほしい．社会学，政治学，経済学，心理学，健康科学など，人間の社会を探求する研究において，KH Coder は非常に幅広い研究成果を生み出していることがわかるだろう．

① 自由回答を利用した応用事例

　自由回答データと回答者の属性を利用して，高校生の脱原発意識の構造について分析した研究がある (阪口・樋口 2015)．図 11.17 は東日本大震災とそれに続く原発事故について，高校生に対して自由に記述してもらった内容と，性別 (男性・女性) の原子力発電所への意見 (脱原発支持・どちらともいえない・原発支持) との関連性について対応分析をした結果である．対応分析では自由回答のテキストデータと，その他の情報 (たとえば，回答した人の性別，年齢，学歴といた属性の情報などが用いられることが多い) との関連性を可視化することができる点で優れている．

　この図 11.17 によると，男子原発支持者に特徴的な語には「原発」「電気」「東電」「悪い」「反対」「廃止」「メディア」などがあり，実際の回答内容も参照して考えると震災があったにせよ，原発による安定した電気の供給を重視したり，メディアの報道姿勢に対して疑問を呈したりするといった背景があると整理できる．一方，脱原発について「どちらともいえない」と考える女子の方向には，「怖い」「体験」「辛い」「大切」「家族」「実感」「気持ち」という言葉との関連が

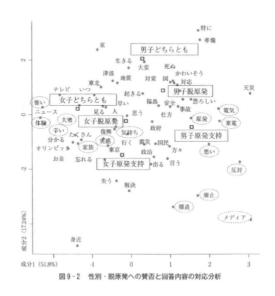

図 9-2　性別・脱原発への賛否と回答内容の対応分析

図 11.17　阪口・樋口 (2015: 193) より転載

強く，家族や友人などの身近な人間関係や，怖いといった感情面を重視する傾向があり，それが原発を肯定できない態度の背景にあるのではないかということがわかる．

② インタビューデータを利用した応用事例

インタビューなどの質的調査は KJ 法などにより分析者の解釈に基づいて分類・解釈されることが多いが，KH Coder はインタビューを文字起こししたテキストデータに対しても適用することができる．たとえば，心理的・社会的要因によって引き起こされる看護師の腰痛について，インタビューデータを用いて分析した研究がある (武田・渡邊 2012)．この研究では，腰痛のある看護師と腰痛のない看護師のそれぞれ 4 名ずつに対して，腰痛に関するインタビューを行い，それぞれのグループ別にインタビュー結果について分析を行っている．共起ネットワークの分析結果によると，腰痛のある看護師は，緊張やプレッシャーが腰痛の原因となっているが，腰痛のない看護師は，緊張やプレッシャーに対する対処行動を取る語りが多かったこと，また，腰痛のある看護師は仕事を 1 名で無理して行ったり，患者に対する感情労働の程度が高いが，腰痛のない看護師は仕事を 2 名で行ったり感情労働の程度の高さを軽減するような対処行動を取る語りがみられたことなどを報告している．

武田と渡邊も指摘している通り，一般化については留保する必要はあるものの，インタビューの分析は量的な調査にとっても仮説の構築や調査結果の深掘りといった重要な役割がある．活用事例はまだまだ多いとはいえないが，インタビューによってデータを取得したときは，その計量的な分析の可能性についても一考してほしい．

※本章で紹介した文献は以下の通りである．

- 樋口耕一，『社会調査のためのテキスト分析—内容分析の継承と発展を目指して』(ナカニシヤ出版，2014).
- 樋口耕一，「計量テキスト分析及び KH Coder の利用状況と展望」，『社会学評論』**68** (3), 334-350, (有斐閣，2017)

- 阪口祐介・樋口耕一，「震災後の高校生を脱原発へと向かわせるもの—自由回答データの計量テキスト分析から—」，友枝敏雄編，『リスク社会を生きる若者たち—高校生の意識調査から』186-203, (大阪大学出版会，2015)
- 武田啓子・渡邉順子，「女性看護師の腰痛の有無と身体・心理・社会的姿勢に関連する因子とその様相」，『日本看護研究学会雑誌』**35** (2), 113-122, (日本看護研究学会，2012)

章 末 問 題

11-1　Google フォームなどを利用して任意の自由回答のデータを収集し，アフターコーディングをした上で男女別のクロス集計などの分析を行ってみよ．

11-2　KH Coder をダウンロードし，*11-1* で収集したデータを用いて計量テキスト分析を行い，結果について考察せよ．

11-3　*11-1* 以外のテキストデータを収集して計量テキスト分析を行い，結果について考察せよ．

第 *12* 章

社会調査データの利用

12.1 データアーカイブの利用方法

　第1章で述べたように，学術調査として行われた社会調査については，さまざまな機関が収集・保存・公開をしており，そのような機関は一般的に**データアーカイブ**とよばれている．このデータアーカイブにはデータや調査票の収集・保存，調査の検索，さらにはデータ分析セミナーの開催などのさまざまな機能がある．利用者はインターネット上で集計を行ったり，一定の条件を満たすとデータの二次分析(自分以外の研究者などによって収集されたデータを分析すること)のためにデータを借りたりすることができる．

　社会調査のデータアーカイブには，国内では東京大学の SSJDA，大阪大学の SRDQ，立教大学 RUDA が，国外ではミシガン大学の ICPSR，ドイツの ZESIS があり，特に国外のデータアーカイブはさまざまな国のデータを収集することができる．本書では読者が利用することが多いと考えられる東京大学の SSJDA と大阪大学の SRDQ をとりあげる．

12.2 東京大学社会科学研究所データアーカイブ (SSJDA)

　SSJDA (Social Science Japan Data Archive) は，東京大学社会調査研究所付属社会調査・データアーカイブ研究センター[1]によって運営されている．この研究センターは，①SSJDA を通じたデータアーカイブの運営のみならず，②一次データの創出 (社研パネル調査)，③二次分析の普及 (二次分析研究会，計量分

---

[1] https://csrda.iss.u-tokyo.ac.jp/

図 12.1　社会調査・データアーカイブ研究センターのトップページ

析セミナーの開催), ④国際的ネットワークの構築 (ICPSR 国内利用評議会, ア
ジア版総合社会調査) といった機能で構成されている.

　この SSJDA は日本国内最大のデータアーカイブであり, 1998 年 4 月より個
票データの提供を行っている. このデータ利用は年々増加しており, SSJDA が
発表している統計によると, 2018 年度は累積公開データセット数が 2168 セッ
ト, 利用申請件数 1169 件, 利用申請研究者数 3922 名と, 社会調査を行ってい
る研究者コミュニティの大きな基盤となっている.

　社会調査・データアーカイブ研究センターのトップページの「SSJ データアー
カイブ」をクリックし, 次の画面で「探す」をクリックすると, SSJDA に寄託
されているデータの一覧が表示され, 調査の概要や調査名, 調査テーマを示す
トピック, さらには調査年からデータを検索することができる (図 12.2).

　気になった調査があれば, 調査名をクリックすると, 調査の概要, 調査対象,
サンプルサイズ, 調査時点, 調査地域, 標本抽出, 調査実施者, 関連論文情報,
調査票, 集計表などの情報がまとめて記載されている. 二次分析を行う学生や
研究者はもちろん, 自分で調査を企画しているときの調査票のレイアウトや項
目作成の参考にもなるだろう. 質問紙調査は誰でも簡単にできる反面, 調査票
の設計は非常に繊細に行う必要がある. ぜひ, さまざまな調査を参照して, 調

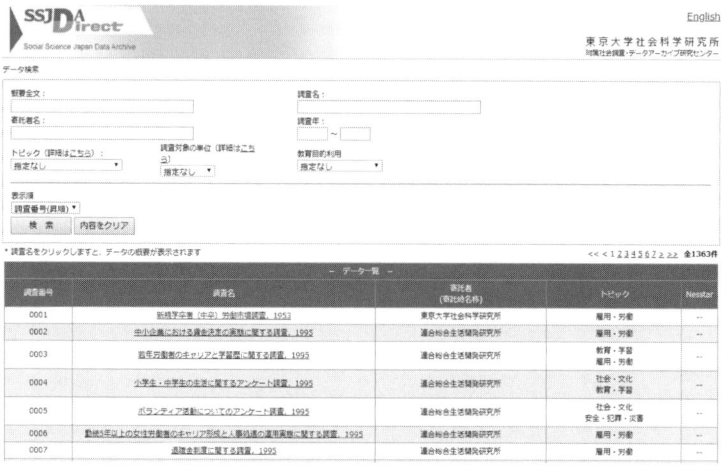

図 12.2 調査検索画面

査票の設計の仕方を学んでほしい.

　トップページより「SSJ データアーカイブ」をクリックし，次の画面で「利用する」をクリック，また次の画面で「ご利用マニュアル」をクリックすると，詳細な利用方法を知ることができる. ただし，個票データの利用は基本的に大学や公的機関の研究者の学術利用に限定されている. しかし，教員の指導を受けている学生であれば，卒業論文で使用することが可能となっている. まずは利用方法を自分自身で熟読したうえで，指導教員に相談することをおすすめする. もちろん，データは第三者に渡さないなど，取り扱いは厳重に注意しなければならない.

　トップページより「SSJ データアーカイブ」をクリックし，次の画面で「分析する」をクリックすると，リモート集計システム (**Nesstar**) を用いて，一部のデータはウェブ上で分析を行うことができる (図 12.3).

　Nesstar では，まず使用するデータを選択する. そうすると質問項目が現れるので，興味がある質問項目を選ぶ. 左の列には調査名や調査項目が，右の列には分析結果が表示される. DESCRIPTION タブでは調査項目の度数分布表や要約統計量の表が，TABULATION ではクロス集計が，ANALYSIS では相関係数や回帰分析を簡単に実行することができる. 分析に含めたい項目を左の列

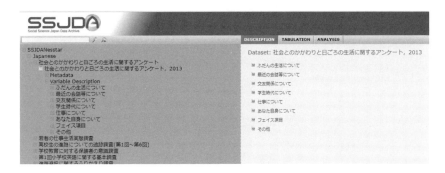

図 12.3　Nesstar トップページ

でクリックすると，どの要素として分析を行うか (たとえばクロス表であれば行に入れるか，列に入れるか)，選択できる．詳細は割愛するが，個票データを手に入れる前にどのようなデータなのか調べたいときは，この Nesstar を利用するのもよいだろう．

　Nesstar は誰でも利用することができるが，使用するにあたっての注意事項は個票データと同じである (個票データの取扱については第 14 章も参照)．すなわち，①個々の調査対象を意図的に特定するような集計は行わないこと，②学術目的であること，③結果の発表には出典を明記すること，④結果を発表するときは SSJDA に発表物を 2 部送付すること，といった注意事項があることには十分に留意されたい．

12.3　立教大学社会調査データアーカイブ (RUDA)

　RUDA (Rikkyo University Data Archive) は立教大学社会情報教育研究センター (CSI) によって 2011 年より運営されている，比較的新しいデータアーカイブである．RUDA では 2020 年 2 月時点で 61 件の調査が収録されており，トップページより調査地域，公開日，調査主体，調査名，キーワード，研究分野のそれぞれの項目から調査データの検索をすることができる．

　この RUDA の特色の 1 つに全国調査だけでなく，地域調査のデータを充実させていることがあげられる．たとえば，宮城県で 8 件，埼玉県で 7 件，愛知県で 4 件が収録されており，今後も地域に関するデータが収録されていくことが

図 12.4　RUDA トップページ

期待される．地域に特化した調査を調べたい場合は参考にするとよいだろう．

　データを利用するにはトップページの「データ利用の手引き・データ寄託のご案内」より「データを利用する」をクリックして，利用の流れを確認したうえで，ユーザ登録をしよう．ユーザ登録は基本的に大学関係者に限られているが，研究者や院生だけでなく，学部学生でも登録することが可能である．ユーザ登録が済めば，調査データを探し，利用申請し，データをダウンロードするという流れとなる (ただし，調査データを探すだけであればユーザ登録は不要である)．

　調査データはトップページから調査名やキーワード，地域など様々な方法で探せるようになっているが，一般的なウェブサイトにおける検索方法と大きな違いはないため詳細は割愛する．調査を開くと実際に使われた調査票やメタデータが収録されている．メタデータには調査名や調査主体，標本設計，調査内容，関連資料といった調査のプロフィールが収録されているので，利用申請をする前に，必ず参照しておきたい．

　利用申請は RUDA の定めた書式に基づいて申請書を作成し，郵送もしくは E-mail で送付する．審査のうえ，承認されるとデータをダウンロードできる．

学部学生，大学院生，無所属の研究者の場合は，大学または研究機関に所属する研究者 1 名による推薦が必要なので，指導教員と相談のうえで申請してほしい．

　利用申請が済み，無事にデータを入手したらあとは分析して終わり，というわけにはいかない．貴重なデータの二次分析には利用報告書の提出やデータの消去が求められる．詳しくは「ご利用の手引き」より「利用規約」や「よくあるご質問」を参照して，データの適切な管理・利用に努めてほしい．

12.4　データアーカイブで利用可能な主要な社会調査

　ここからは，二次分析が可能な代表的な社会調査について紹介する．最初に紹介するのは **JGSS** (Japanese General Social Survey：日本版総合的社会調査) である．JGSS は大阪商業大学 JGSS 研究センターが主体となり予備調査を含めると 1999 年から現在まで多くの調査を行っている．日本版「総合的社会調査」の名前が示す通り，日本の多角的，包括的な理解を深めるために社会学のみならず，心理学，経済学，教育学，統計学，人口学などの社会科学を中心とした研究チームにより，その時々の時事設問を反映して調査を行っている．また，継続質問も数多くあり，いわゆる「反復横断調査」という性格も濃い．

　JGSS の調査方法については，調査年によってサンプルサイズなどのばらつきはあるものの，ある程度は一貫している．たとえば，JGSS-2010 の調査方法は，

- 調査対象：日本国籍をもつ 20〜89 歳の男女
- 計画標本：9000 人
- 標本抽出：層化 2 段無作為抽出 (全国を 6 ブロック × 市郡規模 4 段階 (24 ブロック) に層化して人口に比例して 600 地点を抽出 (地点＝国勢調査の調査区)，各地点で 15 名前後を抽出)
- 調査方法：面接法と留置法の併用
- 面接票：1 種類
- 留置票：留置票 A と留置票 B の 2 種類

のようになっている．

　面接票は回答者の職業や学歴，家族の情報など，客観的な属性について尋ねる項目が多く，留置票は回答者の意識や行動，価値観や政治意識といった，個人の内面に踏み込んだ内容となっている．留置票は 2 種類あり，調査対象者を

図 12.5　JGSS ホームページのトップページ

大阪商業大学 JGSS 研究センターの許可を得て転載.

2 つに分割して別々の留置票を配布しているのも特徴的である (ただし, 調査年によっては 1 種類の場合もある). これは, 収集する項目の多様性や国際比較調査との連携を確保するためである.

　JGSS はホームページ[2]で情報を収集することができる. たとえば, JGSS を用いた研究論文集が毎年刊行されており, 2020 年 3 月現在では, 1〜19 巻が刊行されている. このなかから自分の興味がある論文を選び, 読んでみると調査がどのように活用され, 分析され, 議論されているかが理解できるだろう. 文献調査という意味では JGSS を利用した関連文献がすべてテーマごとに掲載されているので, これも利用してほしい.

　さらに, ホームページでは, これまで実施された調査概要と質問票がすべて網羅されている. さらに詳細を知りたい場合はすべての調査についてコードブック (調査概要や単純集計表などが詳細に記載された書籍) もダウンロードできるため, データを使用せずとも, 単純集計がどのようになっているのかを知ることができる.

　次に紹介するのは SSM (Social Stratification and Mobility：社会階層と社会移動) 調査である. この調査は 1955 年から 10 年おきに実施されており, 日本人の意識と行動, そして社会階層の構造と変容を戦後の長期にわたって把握することのできる唯一の調査である. 調査の実施については, 単一の組織が継続的に実施しているわけではなく, その時々で社会学者の調査チームが立ち上

---

[2] http://jgss.daishodai.ac.jp/index.html

がっており，社会学界を代表する大規模調査となっている．調査内容として特筆するべきは職歴を初職から現職まで間断なく非常に細かく尋ねていることである．現代社会では転職する人も多いが，転職に伴う職業そのものの変化だけでなく，就業上の地位の変化まで詳細に把握することができる．

　以上で紹介した社会調査以外にもたとえば，統計数理研究所が行っている「日本人の国民性調査」，NHK 放送文化研究所が行っている「日本人の意識調査」，日本家族社会学会が実施している，NFRJ (National Family Research of Japan：全国家族調査) などがデータアーカイブからダウンロードできる．また，SSJDA などの日本のアーカイブからはダウンロードできないが，国際的な調査では WVS (World Value Survey：世界価値観調査) や ISSP (Internationa Social Survey Program：国際社会調査プログラム) など，大規模な社会調査はさまざまである．データ・アーカイブを活用して，実際に調べていくなかで，自分に合った調査をみつけてほしい．

章 末 問 題

12-1　調査をしたい対象を 1 つ考えて，その調査を行っている先行する調査がないか，SSJDA を用いて調べよ．

12-2　SSJDA の Nesstar を利用して，興味のある変数についてクロス集計を行い，その結果について解説せよ．

12-3　JGSS ホームページより任意の調査を選び，調査票をよく読んで，どのような分析ができるか提案せよ．

12-4　JGSS ホームページのなかにある JGSS を使用した論文リストを参照し，興味のあるテーマについて先行研究を調べよ．

第 *13* 章

インターネット調査

13.1 インターネット調査

社会調査にはさまざまな種類があることを第3章では学んだが, 近年ではICT環境が整ってきたことを受けて, インターネット調査が盛んに活用されている. 一口にインターネット調査といっても, 調査の一部をインターネットを通じて行うものから, 調査プロセスのすべてをインターネット上で完結させるものまでさまざまである. この章では, 代表的なツールやサービスを紹介することで, インターネット調査を自分でできるようになることを目的としている.

インターネット調査には大きく分けて, ①調査票をウェブ上で作成するが対象者は自分で集めるやり方と, ②調査票をウェブ上で作成し対象者をインターネット調査会社のモニタに回答してもらう方法に分けられる.

前者の①は, 調査票を作成するウェブ上のアプリケーションを用いて調査票を作成し, そこから先は配布用のURLを用いて, 自ら集めてきた対象者に回答をしてもらう. SNSなどを通じて拡散する方法もあるが, 厳密にはそのような標本にはかなり大きな偏りがある可能性を考慮するべきである. ただし, 大学の教室内で受講生の全数調査を行ったり, ある母集団について, メールアドレスが入っている名簿をもとに標本調査をしたりする場合は, 原理的には無作為抽出を行う場合の郵送調査と変わらない精度で調査を行うことも可能である.

後者の②は, ウェブ上で調査票を作成することはかわらないが, 調査会社によっては調査票作成から支援をしてくれることも多い. さらに, 調査対象者は, 調査会社に登録をしているモニタのなかから, 調査目的に合わせて柔軟に対象

者の属性を限定したり，年齢段階や性別，またその他の属性によってサンプルサイズを割り当てたりできる．このような調査は，郵送調査といった伝統的な社会調査の手法よりも金銭面，時間面で安く上がることが多く，特にマーケティングリサーチの現場ではよく用いられている．近年では学術的調査でも用いられることも増えており，今後の発展が期待される分野でもある．

13.2　Google フォームを使った調査の実施

　まず試しに「アンケート作成」「ツール」とインターネットで検索してみてほしい．近年では多くの質問票作成アプリケーションがあることがわかるだろう．無料のもの，有料のもの，集計機能付き，データのエクスポートなど，さまざまな特徴があり，このようなアプリケーションを使えば，自分では作ることができない美しいレイアウトの質問票も簡単に作れてしまう．今回はさまざまにある質問票作成ツールのなかでも，無料かつシンプルで使い勝手のよい **Google フォーム**を紹介する．Google フォームは Google 社が提供しているアプリケーションの 1 つであり，簡単に調査票を作成することができる．Google スプレッドシートといった Google 社の別のアプリケーションとの連携もとることができるため非常に便利であるが，使用するには Google アカウントの作成が必要となる．

　簡単な調査票を作成してみよう．まず Google フォームのトップページより「Google フォームを使う」をクリックすると，図 13.1 のような画面になる．ここでは目的に合わせてさまざまなテンプレートが用意されているが，今回は「空白」をクリックしてみよう．

図 13.1　「新しいフォームを作成」する画面

　すると，図 13.2 のような画面が出てくる．ここで①「無題のフォーム」と書かれているのは調査のタイトルである．その下の②「フォームの説明」では，調

査の説明文を記入することができる。③「無題の質問」と書かれているところは質問文を記入するところであり、④「ラジオボタン」と書かれているところは、質問の形式を示している。さらに⑤の場所は選択肢を作成するところであり、質問の形式によって変わる。

図 13.2 Google フォームの初期画面

質問の形式は多く、主な形式は、

① 記述式：自由記述 (短文回答用)
② 段落：自由記述 (長文回答用)
③ ラジオボタン：択一で選択 (どれか 1 つを選ぶ)
④ チェックボックス：複数選択 (当てはまるものをすべて選ぶ)
⑤ プルダウン：多くの項目 (たとえば都道府県) を表示し択一式で選択する
⑥ 均等目盛：5 点、10 点など、等間隔の目盛から 1 つを選択
⑦ 選択式 (グリッド)：複数の質問について共通の選択肢から 1 つを選択
⑧ チェックボックス (グリッド)：複数の質問について共通の選択肢から複数選択

である。このほかにもファイルのアップロードを求めたり、時刻を記入させたりなど、細かい形式も指定することができる。

ここでは、大学生の大学生活の満足度を測定するという目的で、簡単な質問票を作成してみよう。調査タイトルに「S 大学学生生活に関する調査」と入力し、

フォームの説明に「学生生活の満足度に関する調査にご協力お願いします。な お回答は統計的に処理され、個人が特定されることはありません。答えたくな い質問は飛ばしていただいて構いません。」と入力してみよう.

　次に「無題の質問」について、「問 1　あなたの性別は何ですか。当てはまる もの 1 つにチェックしてください。」と入力し、「オプション 1」と書いている ところをクリックして「男性」と入力してみよう.「男性」と入力してエンター キーを押すと，次の選択肢を編集することができるので，次の選択肢には「女 性」と入力してみよう. それが終わったら,「選択肢を追加または「その他」を 追加」というところから「その他」の追加をクリックする. このようにしてお くと「男性」でも「女性」でもないと考える人も自分の性について表現をしや すい. もちろん，ベタ打ちで「その他」と記入してもよいが，この機能を使う とデフォルトでその他の内容を自由記述で問うことができる.

　記入が終わると，いくつかの設定ができる. まず図 13.3 の①のボタンでは質 問をコピー，②のボタンでは質問を削除することができる. また③のチェック をいれると，必須回答にすることができる. ここで必須回答に設定した場合，回 答者は質問を飛ばすことができなくなる. また，④のボタンを押すと，次の質 問を作成することができる.

図 13.3　記入後の Google フォーム

それでは次に「均等目盛」を使って質問を作成してみよう．使い方はほとんど同じであるが，質問の形式によって多少操作方法が異なる．まず「質問」には「あなたの学生生活における満足度をあらわすとしたら 1 から 10 のどこになりますか。」と入力してみよう．次に数値の範囲であるが，この「均等目盛」では下限が 0 か 1，上限が 2～10 で選ぶことができる．ここでは下限が 1，上限を 10 と設定し，1 のラベルを「不満」，10 のラベルを「満足」としてみよう (図 13.4)．

図 13.4 「均等目盛」の入力画面

学生生活の満足度には友人の数が影響しているかもしれない．次の質問を作成するボタンを押して，次は「選択式（グリッド）」でさまざまなタイプの友人の人数を聞いてみよう．まず「以下の友人について人数を教えてください」と入力し，行のほうに友人のタイプを，列のほうに人数を表すカテゴリを入れる (図 13.5)．たとえば行のほうは，「同じ学部の友人」「部活・サークルの友人」「バイト先の友人」「SNS の友人」「休みの日に遊びに出かける友人」と入力し，列のほうは「だれもいない」「1 人」「2～3 人」「4～5 人」「6～10 人」「11～25 人」「26～50 人」「51 人以上」と入力する．

入力が終わったら，上部の「プレビュー」マークをクリックしてみよう．そうすると，実際に回答者に表示される画面を確認することができる (図 13.6)．

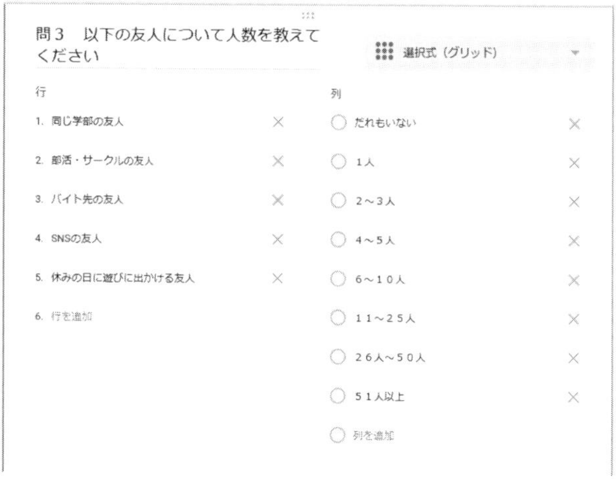

図 13.5　「選択式 (グリッド)」の入力画面

図 13.6　「選択式 (グリッド)」の入力画面

　他にも多くの回答形式で質問を作ることができるが,「友人の数が学生生活満足度に関連している」という仮説を検討するには, とりあえずよいということにして, 作成した質問票を配布する方法について解説しておこう.

　まず Google フォームの上部についての解説であるが, 図 13.7 の①でこの質問票に名前を付けることができる. デフォルトの設定では, ①をクリックする

と調査のタイトルと同じものが入力される．次に②では質問票の色味を変更することができる．気になる場合は変更してもよいだろう．③をクリックすると，対象者からみえる画面のプレビューが表示される．④の「送信」をクリックすると，配布の方法を選択することができる．

図 13.7　Google フォームの上部にある機能

　フォームを送信する方法には主にメールでの送信と URL での送信があるが，おそらく使用頻度が高いのは URL での送信だろう．Google フォームからメールを送ることもできるが，自分が普段から使用しているメールソフトを用いて，URL を対象者に送ったほうが効率がよい．

　URL は「リンク」から取得することができる．なお，この Google フォームへ誘導するための URL は非常に長いため，「URL を短縮」をクリックすると，より短い URL を取得することができる (図 13.8)．なお，近年はスマートフォンの普及が目覚ましいため，URL の送信には QR コードを用いても便利である．この場合は，たとえばハガキに QR コードを印刷することによって答えてもらうこともできるため，さまざまな媒体を用いた調査が可能である．

図 13.8　フォームの送信用の URL の作成

最後に集計結果の確認方法について述べ
る．まず Google フォームではデフォルトで
集計結果を可視化してくれる機能がある．こ
れまでは「質問」というところを使っていた
が，①「回答」というところをクリックする
と，質問ごとに円グラフや棒グラフで結果
を表示してくれる (図 13.9)．もちろん，こ
れは簡易的な機能なので，もし自分で集計を
したい場合は，②スプレッドシートのマー
クをクリックすると，Google の表計算アプ
リである Google スプレッドシートで個別の
データをみることができる (図 13.10)．もち
ろん，この結果を Excel ファイルでダウン
ロードすることも可能である．

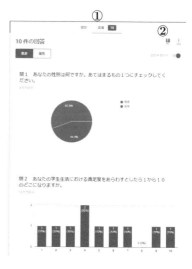

図 13.9　結果の可視化

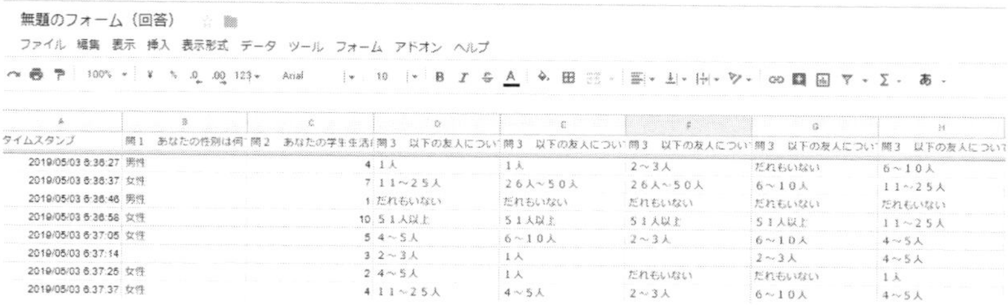

図 13.10　スプレッドシートへのデータの移行

　集計の方法については第 9 章に譲るので，もし簡易的に調査票を用いた調査
を行いたい場合，積極的に Google フォームを使ってみてほしい．もちろん，本
番の調査を行う前の準備や経験を積むために使用するのもよいだろう．

13.3　調査会社の調査モニタを利用したインターネット調査の実施

調査モニタとは，顧客の調査票の配信先となる協力者のことである．インター
ネット調査を実施する多くの調査会社は調査モニタをさまざまな広告媒体を通

じて幅広く募集しており，調査モニタは配信される調査に協力することによって報酬を得ることができる．

　調査会社はたとえば日経リサーチ，インテージ，マクロミル，ジャストシステムなど数多く存在するが，調査モニタの人数，調査画面のデザイン，そして料金体系などに違いがある．一概に何をもってよい調査会社というかは難しいが，今回はマクロミルのサービスを事例として紹介する．

13.3.1　調査依頼と見積もり

　まずは調査の対象の条件 (サンプルサイズなど) と調査票の案を準備し，インターネット調査会社を選定して依頼する．一般的にインターネット調査は，質問数とサンプルサイズによって料金が規定されている．調査費用の目安として，マクロミル社では10問×100人の調査で9万円となっている (2020年3月時点)．この他，特定の条件を満たした人を対象者として抽出するためのスクリーニング調査 (後述) を実施したり，調査票設計，データ集計などのサービスを付加することもできるが，もちろん，サービスが多くなるほど費用は高くなる．この本の読者であれば，調査票の設計やデータの集計は自力で行い，実査のみを委託することを目指してほしい．いずれにせよ，まずは調査票と必要な対象者情報を確定させてから，見積もりをとるところがスタートラインである．

　基本的にはどのような質問形式であっても1問とカウントされる．しかし，複数の設問を同じ選択肢で尋ねるマトリックス型の質問や自由回答形式の質問は，調査会社によってカウントの仕方が異なる場合がある．また，調査会社によっては登録しているモニタの基本情報を無料で提供してくれる会社もある．その他にも学術調査であればアカデミック価格が設定されていることもあるので，いったいいくら費用がかかるのかは実際に問い合わせてみないとわからないことが多い．よって，調査票が確定していなくても，案がある程度固まった時点で問い合わせてみるのも一案である．見積もり結果をもとに，予算の範囲内で調査票を再検討するのもよいだろう．

13.3.2　調査対象の選定とスクリーニング調査

　インターネット調査の優れた点は，調査対象者を柔軟に設定できるところであり，換言すれば通常の郵送調査では依頼することが難しい対象者も調査を行うことができることである．たとえば，筆者は滋賀県への「Uターン」ニーズの調査を行ったことがある．この場合，調査対象者は将来滋賀県に戻ったときにUターンとよべる条件を満たす必要がある．今回の場合は，まずスクリーニング調査において「18 歳までに何年滋賀県に住んだことがありますか」という質問を首都圏と関西圏の 2 つのエリアのモニタに向けて配信し，その結果を受けて，滋賀県に 18 歳までに 10 年以上住んだ経験がある人を調査対象者として絞り込んだ (二相抽出とよばれる方法である)．同じことを郵送調査で行うことを考えた場合，同じエリアに質問票を送ったところで，2000 人が回答してくれたとしても条件を満たす人は数十名もいないだろう．この調査では首都圏と関西圏に対して 150 名ずつ，男女と年齢段階が等しい割合になるようにサンプルサイズを割当てて，本調査を行った．

　この事例からもわかるようにスクリーニング調査とは，本調査を行う前の事前調査であり，その情報をもとにして，対象者を絞り込むことができる．今回のUターン調査のように，母集団の名簿を手に入れることが難しいような場合や，非常に限定された条件を満たす層の調査を行いたいというような調査の目的によっては，調査対象者をあらかじめ限定する必要がある．このような場合にはスクリーニング調査を行い，そのうえで本調査をする方法が有効である．

13.3.3　調査期間とデータの納品

　郵送調査や訪問面接調査では通常 1 カ月ほど調査期間が必要であるが，インターネット調査の場合は (条件にもよるが) 早くて 3 日もあればデータを手に入れることができる．もちろん長めに設定することも可能であるが，調査モニタは有償で協力しているということもあり，通常であればそれほど日程はかからない．必要であれば調査企画からはじめて 10 日もあればデータが集まる点も，調査モニタを用いたインターネット調査の利点である．

　データの納品は基本的には Excel ファイルあるいは CSV 形式のデータが納品

される．会社によってはごく簡単な集計表や，会社専用の簡易集計システム用の
データもついてくることがある．マクロミル社の場合は，Quick CROSS とい
う集計システム用のデータもついてくる．Quick CROSS は自社のアンケート
データを効率よく集計するために開発された集計システムであり，依頼者は無
料でダウンロードすることができる．ただし，高度な解析をする場合は，CSV
ファイルを SPSS や R といった専門の統計ソフトで分析する必要がある．

章 末 問 題

13-1 Google フォームを用いて，簡単な調査票を作成せよ．

13-2 13.1 節で作成した調査票を用いて調査を行い，Google フォームあるいは Excel などを用いて可視化したデータについて解説をせよ．

13-3 モニタを用いたインターネット調査会社を 2 社以上調べて，どのような違い (モニタ数，料金体系など) があるかまとめよ．

13-4 スクリーニング調査を行う必要がある調査対象について考え，インターネット調査の有効性について検討せよ．

第 *14* 章

社会調査における法と倫理

14.1　個人情報保護法

社会調査でさまざまなデータを収集・利用する場合，まったく自由にできるわけではない．わが国には**個人情報保護法**という法律があって，個人を特定できる情報 (氏名，住所，本人の映像情報など) を集めたり利用したりする場合には一定のルールに従わなくてはならない．具体的には，

① 個人情報を取得する際には，原則として，利用目的を明示したうえで本人の同意を得る

② 取得した個人情報が目的外に利用されたり漏洩したりしないよう適正に管理する

③ 結果を公表する場合には，個人が特定されないような措置を講ずる

といったことが決められている．

「なんか面倒だな」とか「じゃあ個人情報を扱うのはやめよう」と思ったかもしれないが，個人情報保護法は個人情報の利活用を妨げようというものではなく，逆に，ルールを定めたうえで個人情報の適正かつ効果的な活用を目指すものである．たとえていうと，公園で誰もが自由にボール遊びをやると危ないが，きちんとルールを定めればみんなで楽しく遊べる，ということである．

14.2　社会調査と倫理

データサイエンスは日進月歩なので，個人情報保護法があるとはいっても，世のなかの出来事に法律が追いついていないこともままある．有名な例では，

2013 年に JR 東日本が Suica の利用データを，利用者の氏名・電話番号などを削除したうえでデータ分析会社に提供したところ，「オレのデータを勝手に第三者に売り飛ばしていいのか」「本当に個人の特定ができない保証があるのか」などの批判を浴びた．同社では，提供データは匿名化加工を施したものなので個人情報保護法に反したものではないと考えていたが，批判を浴びてデータ提供の撤回に追い込まれた．この分野では，法律だけを守っていればよいということではなく，その背後にある「情報倫理」について理解し，それに従って行動することが必要になる．

　以上をふまえて，社会調査における倫理的な事項について，現在広く受け入れられている基本原則について紹介する．続いて，社会調査のさまざまな局面において重要な倫理的な事項について解説する．

14.3　四原則

　データサイエンスにおける倫理に関しては 2 つの重要な報告書がある．1978年にアメリカの「生物医学・行動科学研究の対象者保護のための国家委員会」が策定した**ベルモントレポート**と，2012 年にアメリカの国土安全保障省が公表した**メンロレポート**である．ベルモントレポートは元々，ヒトを対象とする医学的研究に関するものであるが，①人格の尊重，②善行，③正義，という 3 つの原則を提示し，これらは現在でも臨床試験において被験者を保護する原則として最も基本的で重要なものとされている．メンロレポートは，対象を情報通信技術を含む研究全般に広げたうえで，ベルモントレポートの三原則を確認し，さらに 4 番目として④法と公益の尊重，を追加した．これらの原則の意味するところは以下のとおりである．

① 人格の尊重

　人格の尊重とは「人を自律的な存在として扱い，自立性の弱っている人には特別な保護を与える」という原則である．自律的な存在として扱うということは，その人が自分自身について自らがコントロールできるようにするということである．実践的な観点では，研究者が何かその人に影響を及ぼしうる状況下にお

いては，本人の同意を得ることが重要である．この点は，一般的にインフォームド・コンセントとよばれており，14.4.1 項で詳述する．

② 善行

　善行は「研究において起こりうるリスクと便益の適切なバランスをとる」という原則である．社会調査を行うということは，対象者の生活に多少なりとも影響を及ぼすことである．そのことは対象者にとってはリスクとなりうることを意識し，その調査によって生み出すことのできるメリット，つまり「便益」とのバランスに注意を払う必要がある．

　たとえば「男女共同参画に関する調査」を実施することを考えてみよう．このような調査では，家庭や職域における男女の平等，平等意識，家庭内暴力の実態，政策への期待などが調査されることが多い．これらの調査項目を尋ねる場合，さまざまなプライベートな質問を重ねることになる．特に家庭内暴力は重要なトピックだが，暴力被害経験者は思い出すだけでも精神的に辛いだろう．また報告しているところを配偶者にみられた場合は，事態を悪化させるリスクもある．このように対象者に影響があると思われる調査をどうしても行う必要があれば，たとえば調査票を世帯単位ではなく個人単位で回答できるように作成する，対象者の辛い体験を引き出すおそれのある質問は最小限にとどめる，ワーディングを工夫する，といった対応を十分にするべきであろう．

③ 正義

　正義は「研究の負担と便益の公平な配分を確保する」という原則である．逆にいうと，負担や便益がある特定の集団に配分されてはならないということでもある．たとえば，かつては倫理的に問題のあるような研究が，社会的な弱者 (貧困者，受刑者，精神障碍のある子ども，高齢の入院患者) に対してなされてきた．このような人々は「正義」の観点からはむしろ保護されるべきであるし，むしろ研究から得られる知識の恩恵を受けられるようにするべきであろう．

④ 法と公益の尊重

　法と公益の尊重は，元々のベルモントレポートの「善行」原則を拡張し，研究対象者だけでなくすべての利害関係者を含むものにする原則である．具体的には，この原則はさらに a) コンプライアンスと b) 透明性を基礎とした説明責任に分けられる．a) コンプライアンスは，個人情報保護法などの法律を守ることは言うまでもなく，データに関する利用規約があるなら，その利用規約に同意することが重要である (関連内容として 14.5 節も参照してほしい)．b) 透明性を基礎とした説明責任は，調査者は自分が実施する調査内容についての目的，方法，結果についてきちんと認識したうえで，説明をする責任を持つということである．社会調査は，多くの人々の尊い協力の上に成り立っている．その人々に対して，ひいては社会に向けてその結果を開示し，公益を追求していく態度が基礎にあることは肝に銘じておかねばならない．

　これらの原則は，調査倫理を考える基礎として重要なものである．次節からは，この基礎づけをもとに，調査を行ううえで重要となる具体的な項目について整理していこう．

14.4　具体的な項目

14.4.1　インフォームド・コンセント

　質問票を用いた社会調査では，情報を収集するうえでは**インフォームド・コンセント** (informed consent)，つまり調査を実施する対象者に対して，調査の内容を説明し，情報提供について同意してもらうことが必須である．これは口頭で行われることもあるが，たとえば郵送調査では，調査票の挨拶文のところに，調査の目的や利用方法について記述する．さらには (国の実施する基幹統計調査以外は) 回答は任意であること，答えたくない質問は飛ばしても構わないことなどを示すことが多い．

　挨拶文で記載する内容 (7.1 節を参照) はインフォームド・コンセントの観点からは重要である．誰がどのような目的で調査を実施するのかによって，調査に同意が得られない可能性もある．もちろん，利用目的を示して同意を得たのであれば，それ以外の利用をしてはならない．ましてや，データを同意なしに

収集する (あるいは自動的に収集したデータを同意なしで使用する) こともあっ
てはならない.

　情報を提供する側としては，インターネットを利用したり，契約したりする
場面において「個人情報の取り扱いについて」という文書を目にする機会も多
いだろう (読み飛ばしていることもあるかもしれない). これもインフォームド・
コンセントの 1 つの形であることも注意しておかなければならない.

14.4.2　データの管理

　収集したデータは，データ処理の過程で，情報が外に漏れないように，厳重
に管理を行う必要がある. たとえば，データをやり取りする場合はファイルに
パスワードをかけておいたり，データをネット上に置かず，CD やフラッシュ
メモリといった物理的なメディアを介して共有したりといった方法がある. さ
らに厳密にするなら，施錠できる場所でのデータの保管，不正アクセスやデー
タ流出を防止するためパソコンをネットワークから隔離する，データ処理担当
者の限定・入室管理を行う，といった方法も考えられる. もちろん，担当者や
業務委託者への定期的な教育なども重要である.

14.4.3　データの匿名化

　データの**匿名化**とは，データで取得した個人を特定するおそれのあるデータ
を削除などすることによって，データから個人を特定できないようにする操作
のことである. たとえば，個人を特定することに直結する氏名，住所，電話番
号，マイナンバーといった情報は，必ず削除する必要がある.

　しかし，これらの個人を直接特定できる情報を削除したからといって個人を特
定する可能性がゼロになるわけではない. たとえば，社会調査では居住地域，性
別，年齢，職業，学歴といった個人の属性を尋ねることが多いが，ある過疎地域 A
において，男性 35 歳，専門学校卒，職業パティシエ，というような場合，それに
該当する人が 1 名しかいないということが起こりうる. このため，特に他の研究
者とデータを共有するような場合では，たとえば地域情報は大まかなくくりにま
とめたり，データから削除したりするというようなことも考慮するべきだろう.

データの匿名化はなかなか難しい. 実際, アメリカではデータを匿名化したつもりになっていたものの匿名化が破られた例がいくつかある. 有名なのは, マサチューセッツ州の健康保険組合の事例である. この健康保険組合では, 研究者に役立ててもらおうとして, 保有する健康保険データを公開した. 個人が特定されないように氏名や住所は削除したのだが, 生年月日や性別, 郵便番号は残しておいた. ところが, マサチューセッツ州ではこのデータとは別に, 選挙の有権者名簿が公開されており, そこには個人の氏名, 住所, 郵便番号, 生年月日, 性別などが記載されている. そこで, ある大学院生が, この 2 つのデータを照合した結果, 当時の州知事のデータを特定してしまったのである[0]. 郵便番号や生年月日は個人を絞り込む強力な要素であり, また, さまざまなデータが利用可能になるにつれいくら自分のデータを匿名化しておいても他のデータとの照合によって匿名化が破られるおそれがある. どのようなデータも潜在的には, 個人を識別する可能性があるものとして可能な限り注意を払う必要があるだろう.

14.4.4　その他

これまで説明したことのほか, 調査に携わるものとして, 結果の歪曲や不適正な処理なども絶対にやってはならないことである. 一度そういうことをやってしまうと, 調査への信頼を失ってしまい, それを取り戻すには長い長い努力が必要となる.

最後に, 社会調査における倫理基準としては, 一般社団法人社会調査協会が定めている倫理規程[1]が参考になる.

ポイントを紹介すると,

① 科学的手続きの重視

② 法規の遵守

③ 自由意志による協力

④ データの提供先と使用目的の通知

⑤ 調査対象者のプライバシーの保護

⑥ 差別的取扱の禁止

---

[0] 彼女 (ラターニャ・スウィニー) はデータ匿名化の研究を続け, ハーバード大学教授となった.
[1] http://jasr.or.jp/member/ethics

⑦ 年少者への配慮

⑧ 記録機材を用いる場合の通知

⑨ 調査記録の安全管理

について規定している. こちらはぜひ原文にあたってほしい.

14.5 調査データの二次利用における行動規範

第 12 章で述べたように, 社会調査では他の人が収集したデータも一定の手続きをすることによって利用することができる. これらのデータは調査者, そして調査対象者の多大なる貢献がなければ, 世に出ることがないデータでもある. よって一般的にはデータの出所などについては明確に示しておくこと, 特に論文や報告で使用する場合は, 謝辞に含めておくことが重要である.

調査によっては具体的な文章を定めているものもある. たとえば, 代表的な社会調査の JGSS や東京大学社会学研究所付属 社会調査・データアーカイブ研究センターからデータの提供を受けた場合の例は次の通りである.

利用した最新のデータセットが JGSS-2006〜2012 の場合

> 日本版 General Social Surveys(JGSS) は, 大阪商業大学 JGSS 研究センター (文部科学大臣認定日本版総合的社会調査共同研究拠点) が, 東京大学社会科学研究所の協力を受けて実施している研究プロジェクトである. JGSS-2000〜2008 は学術フロンティア推進拠点, JGSS-2010〜2012 は共同研究拠点の推進事業と大阪商業大学の支援を受けている.

東京大学社会学研究所付属 社会調査・データアーカイブ研究センターからデータの提供を受けた場合の例

> (二次分析) にあたり, 東京大学社会科学研究所附属社会調査・データアーカイブ研究センター SSJ データアーカイブから「○○○調査 (寄託者名)」の個票データの提供を受けました.

　なお，具体的な文言は変更されることがあるので，データの提供を受けたときには常に謝辞のフォーマットについて言及しているファイルが含まれていないか，きちんと確認する癖をつけておくことも大切なことである．このルールを守ることができなければ，二次分析のためのデータの提供を受けられなくなるおそれがあるので，十分に注意してほしい．

章 末 問 題

14-1　実際に実施された調査の案内文について検索して比較し，さらに自分が実施する架空の調査について案内文を作成せよ．

14-2　14.2 節で紹介した JR 東日本の事件について，同社が事前にどういう対応をとっていれば問題にならずに済んだであろうか，提案せよ．

14-3　ベルモントレポート，メンロレポートの原文を読み，社会調査にはどのように適用されるべきか，まとめよ．

14-4　匿名化が破られた事例については他にもあるが Netflix の事例について調べよ．

14-5　社会調査協会が定めている倫理規定について調べよ．

索　引

著者紹介

伊達　平和（だて　へいわ）

    1985 年　福岡県生まれ

    2008 年　京都大学教育学部卒業

    2014 年　京都大学大学院教育学研究科　研究指導認定退学

    2016 年　同研究科より博士（教育学）号取得

    日本学術振興会特別研究員（PD），滋賀大学データサイエンス学部助教を経て 2017 年から同学部専任講師

    主要著作　「高学歴が家父長制意識に及ぼす影響についての比較社会学：日本・韓国・台湾・中国・ベトナム・タイにおける比較」『社会学評論』64 巻 2 号（頁 187 ～ 204），2013

    家父長制意識と排外的態度：EASS 2008 を用いた中台日韓の比較社会学」『ソシオロジ』60 巻 2 号（頁 75 ～ 93），2015

    『ポスト工業社会における東アジアの課題』（分担執筆，ミネルヴァ書房，2016）

    『出会いと結婚（家族研究の最前線 2）』（分担執筆，日本経済新聞社，2017）

    執筆担当　8.3～8.4 節，第 10 章～第 13 章，14.3～14.5 節

高田　聖治（たかた　せいじ）

    1965 年　大阪府生まれ

    1988 年　東京大学理学部卒業

    1990 年　東京大学大学院修士課程修了

    郵政省，ミシガン大学大学院，総務省，厚生労働省，内閣府を経て，2017 年から 2019 年まで滋賀大学データサイエンス学部教授

    主要著作　『日本の経済指標入門』（分担執筆，東洋経済新報社，1991）

    『高齢化の中の金融と貯蓄』（分担執筆，日本評論社，1993）

    『生命保険の経済分析』（分担執筆，日本評論社，1993）

    『Savings and Bequests』（分担執筆，University of Michigan Press，1994）

    『ブランチャード・フィッシャー　マクロ経済学講義』（翻訳，多賀出版，1999）

    『データサイエンス入門』（共編著，学術図書出版社，2019）

    執筆担当　第 1 章～第 7 章，8.1～8.2 節，第 9 章，14.1～14.2 節

データサイエンス大系
しゃかいちょうさほう
社会調査法

2020 年 3 月 30 日	第 1 版　第 1 刷　発行	
2021 年 6 月 10 日	第 1 版　第 2 刷　発行	

著　　者	伊 達 平 和	
	高 田 聖 治	
発 行 者	発 田 和 子	
発 行 所	株式会社　学術図書出版社	

〒113−0033　東京都文京区本郷 5 丁目 4 の 6

TEL 03−3811−0889　振替 00110−4−28454

印刷　三美印刷（株）

定価はカバーに表示してあります.

本書の一部または全部を無断で複写（コピー）・複製・転載することは，著作権法でみとめられた場合を除き，著作者および出版社の権利の侵害となります．あらかじめ，小社に許諾を求めて下さい.

© 2020　H. DATE, S. TAKATA

Printed in Japan

ISBN978−4−7806−0704−8　　C3036